Cinema e educação
Reflexões e experiências com professores e estudantes de educação básica, dentro e "fora" da escola

Coleção Alteridade e Criação

Cinema e educação
Reflexões e experiências com professores e estudantes de educação básica, dentro e "fora" da escola

Adriana Fresquet

2ª reimpressão

autêntica

Copyright © 2013 Adriana Fresquet

Todos os direitos reservados pela Autêntica Editora Ltda. Nenhuma parte desta publicação poderá ser reproduzida, seja por meios mecânicos, eletrônicos, seja via cópia xerográfica, sem a autorização prévia da Editora.

COORDENADORA DA COLEÇÃO
ALTERIDADE E CRIAÇÃO
Adriana Fresquet

EDITORA RESPONSÁVEL
Rejane Dias

EDITORA ASSISTENTE
Cecília Martins

PREPARAÇÃO E REVISÃO
Lúcia Assumpção

CAPA
Alberto Bittencourt
(Sobre *O regador regado* (*L'arroseur arrosé*; França; Luis Lumière; 1896)

DIAGRAMAÇÃO
Christiane Morais

Dados Internacionais de Catalogação na Publicação (CIP)
(Câmara Brasileira do Livro, SP, Brasil)

Fresquet, Adriana
  Cinema e educação : reflexões e experiências com professores e estudantes de educação básica, dentro e "fora" da escola / Adriana Fresquet. -- 1ed.; 2. reimp. -- Belo Horizonte : Autêntica, 2020. -- (Coleção Alteridade e Criação, 2)

  ISBN 978-85-8217-260-5

  1. Cinema na educação 2. Educação 3. Pedagogia I. Título. II. Série.

13-08203   CDD-371.33523

Índices para catálogo sistemático:
1. Cinema e educação   371.33523

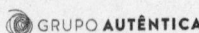

GRUPO AUTÊNTICA

Belo Horizonte
Rua Carlos Turner, 420
Silveira . 31140-520
Belo Horizonte . MG
Tel.: (55 31) 3465 4500

São Paulo
Av. Paulista, 2.073 . Conjunto Nacional
Horsa I . 23º andar . Conj. 2310-2312
Cerqueira César . 01311-940 . São Paulo . SP
Tel.: (55 11) 3034 4468

www.grupoautentica.com.br

À Vale (14), Giuli (12) e Mile (10),
pelo que me permitiram aprender, ensinando.

Ao Jorge (69) e à Juanita (69),
pelo que me permitiram ensinar, aprendendo.

Agradecimentos

A todos os colegas e alunos envolvidos no projeto Cinema para Aprender e Desaprender desde 2006 até hoje, fevereiro 2013. Ao Hernani Heffner, companheiro de longa estrada, memória viva do cinema brasileiro, que acreditou neste projeto de cinema/educação quando era apenas sonho. Aos colegas e autoridades da Faculdade de Educação da Universidade Federal do Rio de Janeiro (UFRJ), que apoiaram cada passo do caminho. Ao Alain Bergala, pela confiança e generosidade. À Núria Aidelman, pelo empurrão inicial. A Márcia Xavier, Ana Lucia de Almeida Soutto Mayor, Alexandre Ferreira Mendonça, Cristina Miranda, Verônica de Almeida Soares, Paulo Henrique Vaz pela caminhada juntos. À Clarissa Nanchery, potência intelectual e criativa dos afetos. À Denise Polônio, amiga, "aprendente"/"ensinante". Aos orientandos Janaína Pires Garcia, Edmur Paranhos, Gisela Pascale Leite, Marina Rodrigues de Oliveira, Selma Tavares Rebello, Marina Tarnovski, Glauber Resende Domingues, Regina Barra, Thiago Norton, Greice Cohn, Dina Pereira, Fernanda Omelczuk e Andreza Berti, que multiplicaram com seus braços o alcance das atividades de extensão traduzidas em pesquisas. Ao Cezar Migliorin, poeta parceiro, amigo da infância, da escola e do cinema. À Anita Leandro, por sua precisão e sensibilidade. À Sol, cujo sorriso ilumina desde a secretaria a toda a faculdade. À Maira Norton, pela experiência e modéstia. Aos mais de 50 bolsistas de iniciação artística, científica e de extensão universitária que se engajaram com seus conhecimentos onde era mais necessário, a cada vez. Ao amigo Mário Alves Coutinho pela confiança e carinho por nosso trabalho. A Luiz Garcia, por ajudar a escolher a imagem da capa e colori-la. A Milene Gusmão, Inês Teixeira, Rosália Duarte, Marialva Monteiro e Bete Bullara, parceiras e amigas da Rede KINO: Rede Latino-Americana de Educação, Cinema e Audiovisual. A todos aqueles que, de modo visível ou invisível, conhecido ou oculto, participaram desta travessia com seu trabalho, apoio e respeito. Ao Walter Kohan, por desviar meu caminho até aqui.

Um agradecimento especial aos cineastas e especialistas que nos acolheram com suas imagens e experiências para aprender dos seus gestos criativos: Nelson Pereira dos Santos, quem agradecemos particularmente por apadrinhar a Escola de Cinema do CAp da UFRJ em 2008, Alicia Veiga, Ignacio Agüero, Luiz Rosemberg, Eduardo Coutinho, Walter Carvalho, Lucrecia Martel, Sandra Kogut, Vincent Carelli, Joel Pizzini, Flavia Castro, Consuelo Lins, Felipe Barbosa, Luiza Lins, Maria Augusta Ramos, Roberval Duarte, Manaíra Carneiro, German Doin Campos, Tatiana Albert, Ricardo Miranda, "Fifo", Nathalie Bourgeois, Gustavo Fischman, Jorge Larosa e Carlos Skliar, Marília Franco, Wilson Cardoso, Andrea Penteado, Carmen Tersa Gabriel, Ana Maria Monteiro, entre outros.

Cabe agradecer também às instituições que financiaram o projeto e os eventos, com bolsas ou auxílios, nestes anos todos: FAPERJ, FUJB/BB; CNPq; CAPES, UFRJ (PR-1/2/3/5), SEBRAE/FINEP/MC&T; Embaixada da França; Consulado da Espanha; Consulado da República Argentina.

Alteridade e criação

Adriana Fresquet

Esta coleção pretende criar um espaço para o diálogo da educação com experiências criativas. Um estreitamento com as artes, de modo geral, e em particular, com o cinema. As artes provocam, atravessam, desestabilizam as certezas da educação, perfuram sua opacidade e instauram algo de mistério no seu modo explícito de se apresentar, ao menos, no espaço escolar. Se nas escolas e universidades, as artes se constituem como um "outro" pela diferença radical entre criar e transmitir, elas são, também, um "outro" em relação aos professores e estudantes, espelhando-nos com seu olhar, devolvendo nossa própria imagem com outras cores e formas. As artes também se revelam uma janela para descobrir um mundo inacabado, ávido de transformações e de memórias para projetar futuros. Um mundo inclusivo, sensível, atento à produção de subjetividade e à criação de laços, para além das redes. Desse modo, a cultura se torna a matéria-prima para a criação de significados numa troca poética de experiências intelectuais e sensíveis. No gesto de habitar os espaços educativos com arte, se imprime uma enorme responsabilidade na reinvenção de si e do mundo com o outro. A presente coleção reconfigura saberes e práticas que emergem da potência pedagógica da cultura audiovisual. Novos desafios para pensar a educação como experiências de alteridade e criação.

No segundo volume desta coleção, pretendo partilhar algumas reflexões produto dos sete anos de projetos do CINEAD no Laboratório de Educação, Cinema e Audiovisual da Faculdade de Educação da Universidade Federal do Rio de Janeiro, que me permitiram apreciar a potência pedagógica do cinema como gesto de criação e de alteridade. Apresento iniciativas diversas de introduzir a experiência do cinema com professores e estudantes de educação básica dentro e fora da escola, visando uma pedagogia emancipadora que fuja da explicação e aposte nas capacidades sensíveis e intelectuais dos sujeitos, espectadores/atores-aprendentes/"ensinantes". Reflexões sobre a prática inaugural do *Minuto Lumière* com crianças, – ou acordando a criança que nos habita –, ocupam um lugar central no texto sobre uma experiência que, em alguma medida, restaura a própria infância do cinema. Arriscar a criar escolas de cinema nas escolas públicas constitui um gesto criativo, lúdico e profanador de uma sinfonia quase uníssona das narrativas do mercado; farejar essas outras narrativas invisíveis, inventá-las, é a proposta. Assim como fazer um simples enquadramento reflete a possibilidade de "ocultar/revelar" o mundo, tensionar a crença e a dúvida quando aprendemos cinema nos ensina outra relação com o conhecimento. No limiar entre a descoberta e invenção do mundo, ganhamos novas possibilidades para conhecer e inventar a nós mesmos.

Na capa, colorizamos *O regador regado* (*L'arroseur arrosé*; França; Luis Lumière; 1896), para exprimir algo da irreverência e da cor que as crianças imprimem ao cinema, quando aprendem fazendo arte.

Sumário

Prefácio 13
Cezar Migliorin

Introdução 15

Capítulo 1 - Reflexões sobre algumas experiências de cinema e educação 19

Capítulo 2 - Pontes e caminhos "entre" a realidade e a imaginação 29

Capítulo 3 - O cinema como arte na escola: um diálogo com a hipótese de Alain Bergala 39

Capítulo 4 - O Minuto Lumière: crianças restaurando a infância do cinema 63

Capítulo 5 - Por que criar escolas de cinema em escolas públicas? 91

Capítulo 6 - Dentro e "fora" da escola: no hospital, na cinemateca, na comunidade 113

Prefácio

Por Cezar Migliorin[1]

Nos últimos anos, os debates e as ações em torno das relações do cinema com a educação ganharam uma força e uma qualidade que têm repercutindo em seminários, encontros, políticas públicas e algumas publicações. Se, infelizmente, ainda se publica pouco na área, este livro de Adriana Fresquet certamente é um marco para os estudos que transitam na rica linha que conecta o cinema com a educação.

"Cinema e educação: a potência do gesto criativo" parte de um trabalho intenso e de grande fôlego que a pesquisadora tem feito nesses interstícios dos filmes com as salas de aula e outros espaços. Suas intervenções têm conseguido fazer aquilo que é próprio ao trabalho com o cinema, ou seja, a intensa e inextricável comunicação entre a prática e a reflexão.

No comando de projetos em escolas, hospitais e grupos de pesquisa, o trabalho de Adriana tem se destacado no país como um dos mais relevantes não só nesse campo que une o cinema à educação, mas do cinema e da educação como um todo. Ao deslocar o cinema para esses espaços, aparecem novas possibilidades, novas formas de pensá-lo.

A atenção que a reflexão e os projetos encabeçados por Adriana merece está ligada a uma preocupação com a importância do cinema em uma sociedade. Podemos dizer que este é um livro que se concentra nas passagens do

---

[1] Cézar Migliorin é professor do Programa de Pós-Graduação em Comunicação. Chefe do Departamento de Cinema e Vídeo, é também um dos colaboradores na implementação da primeira Licenciatura de Cinema do país. É coordenador do Laboratório Kumã – Pesquisa e experimentação em imagem e som da Universidade Federal Fluminense.

cinema por espaços que transcendem as salas e se juntam à educação, mas, mais do que isso, é um livro que reflete sobre o que o cinema pode no mundo hoje. Frequentemente apoiado em um trabalho de campo, o livro expõe as possibilidades sensíveis, afetivas e educacionais com os meios do cinema.

Distanciando-se da exclusividade do cinema como problema conteudístico, Adriana faz de seu gesto de pesquisadora uma intervenção de forte caráter político ao tensionar espaços educacionais com a presença, nem sempre harmônica, do cinema. Mas é também na atenção à dimensão estética dos filmes que esse gesto se faz político, uma vez que sua defesa do cinema na escola é perpassada por uma confiança e uma aposta nas possibilidades sensíveis e intelectuais de toda e qualquer criança, de todo e qualquer professor.

Apostas e gestos se explicitam no livro, uma vez que o leitor poderá experimentar relatos reflexivos sobre experiências concretas realizadas pela autora e muitos de seus colaboradores, ao mesmo tempo em que é traçado um quadro teórico e crítico que acompanha, de maneira constituinte, as práticas com o cinema na educação. Nesse sentido, veremos a presença do cineasta e crítico de cinema, Alain Bergala, companheiro de muitos anos, que vem trabalhando com o cinema na educação e que Adriana pôde trazer ao Brasil algumas vezes para falar de sua experiência de inclusão do cinema nas escolas francesas e, também, para colaborar com os projetos que temos no país.

Podemos ainda percorrer um projeto de cinema consistente, desta que não é uma cineasta, mas que, ao refletir sobre o cinema e as inteligências que ele provoca, não deixa de traçar um projeto de cinema, um desejo de imagens e sons. Esse projeto de cinema que o livro esboça é inseparável da possibilidade de o cinema ser um potente instrumento de percepção de si e do outro, através das decisões mais básicas que os cineastas precisam fazer para que seus filmes existam. O que deve ser visto e o que deve ser escondido? Como o que é visto se relaciona com o que não é visto? Como lidar com o tempo e com o ritmo dos acontecimentos? Como enfatizar a experiência do espectador com o que é novo, com o que é diferente? As perguntas básicas, colocadas pelos cineastas, são levadas aqui aos exercícios e propostas que pretendem nos aproximar dos processos criativos do cinema, os quais não deixam de ter dimensão política, uma vez que nos expõem e que nos permitem compartilhar os gestos que fazem do cinema uma sequência de decisões que visam, desejam e imaginam um mundo. Tal dimensão política ganha ênfase na medida em que as práticas aqui narradas se concentram em espaços pouco privilegiados da sociedade, como escolas e hospitais públicos.

Por tudo isso, é com alegria que descobrimos este livro de grande relevância para, como nos diz Adriana, aprendermos e desaprendermos sobre e com o cinema.

Introdução

Tenho demorado bastante tempo para me decidir a escrever este livro, que surge entre o desejo de partilhar algumas experiências de cinema na educação e a vontade de seguir aprendendo. Provavelmente, a indecisão tem a ver com certa insegurança da escrita diante do imenso orgulho que sinto de tudo o que tenho lido sobre cinema e educação. Esse contraste com a sensação do inacabado é a marca do que tenho para dizer. A incompletude é uma característica também do conhecimento, do gesto criativo, da educação, do cinema. Este trabalho é apenas o início de um diálogo, de uma troca que surge a partir de algumas reflexões de um diário de bordo. Ora mais teóricas, ora mais descritivas, todas falam de formas de ver e fazer, mas com o único propósito de traduzir uma aventura intelectual e sensível de diversas experiências de introdução ao cinema com crianças, adolescentes e professores, fundamentalmente, no espaço escolar. Proponho-me a compartilhar algo bem íntimo, que, por se tratar de um processo criativo, assemelha-se ao processo de dar à luz ou "deixar vir" (no sentido etimológico de *inventar*), que revela algo que já vem acontecendo, mas cuja maior potência está naquilo que poderá devir.

No primeiro capítulo, pretendo fazer algumas reflexões sobre o produto dos últimos anos de leituras e experiências com cinema e educação, visando problematizar uma pedagogia explicativa e apostando nas relações de ensino e aprendizagem como exercícios de emancipação e criação.

No capítulo 2, trago uma questão que o cinema e a educação compartilham, e que consiste nas relações possíveis entre o real e a imaginação, partindo, fundamentalmente, das quatro formas de relação propostas pela psicologia russa em diálogo com autores dos estudos de cinema.

O terceiro capítulo apresenta a proposta de Alain Bergala, em um diálogo estreito com seu livro, *A hipótese-cinema. Pequeno tratado de transmissão do cinema dentro e fora da escola,* mas que vem também impregnado da consultoria dada ao projeto CINEAD para a criação de escolas de cinema em escolas públicas do Rio de Janeiro em 2011/2012.

Tratamos também, nesse capítulo, do *Abecedário de cinema*, filmado em 2012 no Campus da Praia Vermelha, UFRJ, em que, a partir de algumas letras, Bergala escolheu palavras através das quais partilha, de outro modo, sua experiência na pedagogia do cinema com professores e estudantes.

Caminante no hay camino

Caminante, son tus huellas
el camino, y nada más;
caminante, no hay camino,
se hace camino al andar.
Al andar se hace camino,
y al volver la vista atrás
se vela senda que nunca
se ha de volver a pisar.
Caminante, no hay camino,
sino estelas en la mar.

Caminhante não há caminho

Caminhante, são teus rastos
o caminho, e nada mais;
caminhante, não há caminho,
faz-se caminho ao andar.
Ao andar faz-se o caminho,
e ao olhar-se para trás
vê-se a senda que jamais
se há-de voltar a pisar.
Caminhante, não há caminho,
somente sulcos no mar.

(Antonio Machado, *Antologia Poética*. Lisboa: Cotovia, 1999)

No capítulo quarto, a potência do *Minuto Lumière* começa a se revelar desde a própria história da relação dos irmãos Louis e Auguste e seu pai, Antoine, com a possibilidade de inventar. Os inventos renderam a própria invenção de uma arte que, julgada sem futuro por eles, hoje chamamos *cinema*. Introduzimos a prática de filmar um minuto como se fôssemos o próprio Louis Lumière, idealizada por Nathalie Bourgeois e Alain Bergala na Cinemateca francesa, e recortamos vários fragmentos de dois filmes que refletem sua força e vitalidade: *Louis Lumière: a vida em imagens* e *Lumière & Cia*.

Por que criar escola de cinema em escolas públicas? É o desafio para o quinto capítulo. Nele, identifico algumas potências pedagógicas, éticas, estéticas e políticas que uma escola de cinema nos proporciona se ocupar um cantinho da escola pública. Um espaço para cuidar dos sonhos das crianças, da possibilidade de ocultar e revelar com emoção o que nos é dado a conhecer. Apresento, também, no final, alguns princípios e práticas da escola de cinema do CAp da UFRJ, escola piloto para a criação de outras escolas em escolas públicas do Rio.

No capítulo 6, apresento o CINEAD, Cinema para Aprender e Desaprender, algumas características do programa de extensão e do projeto de pesquisa, algo dessa equipe hoje e de sua história desde 2006. "Dentro e fora da escola: no hospital, na cinemateca, na comunidade" quer dizer partilhar alguns ensaios de introdução à experiência do cinema realizada com professores e estudantes de educação básica em espaços menos convencionais. Temos privilegiado dois: a Cinemateca do Museu de Arte Moderna (MAM-Rio) e o Instituto de Pediatria e Puericultura Martagão Gesteira (parte pediátrica do hospital universitário da UFRJ).

Acredito que a educação se dá fundamentalmente quando inventamos caminhos ao andar, como diz o poeta sevilhano, Antonio Machado. Mais importante ainda, é não se esquecer do imperativo "Apague as pegadas", de Berthold Brecht (1986), ao menos algumas, para que os outros que vêm atrás tenham a chance de criar seus próprios caminhos impossibilitados de repetir rumos, desvios e nossas escolhas. Criar caminhos, talvez, seja um gesto de emancipação no cenário da educação.

Poemas de um manual para habitantes das cidades, de Bertold Brecht.

1
APAGUE AS PEGADAS
Separe-se de seus amigos na estação
De manhã vá à cidade com o casaco abotoado.
Procure alojamento, e quando seu camarada bater:
Não, oh, não abra a porta
Mas sim
Apague as pegadas!
Se encontrar seus pais na cidade de Hamburgo ou em
outro lugar
Passe por eles como um estranho, vire na esquina, não
os reconheça
Abaixe sobre o rosto o chapéu que eles lhe deram
Não, oh, não mostre seu rosto
Mas sim
Apague as pegadas!
Coma a carne que aí está. Não poupe.
Entre em qualquer casa quando chover, sente em
qualquer cadeira
Mas não permaneça sentado.

E não esqueça seu chapéu.
Estou lhe dizendo:
Apague as pegadas!
O que você disser, não diga duas vezes.
Encontrando o seu pensamento em outra pessoa:
negue-o.
Quem não escreveu sua assinatura, quem não deixou
retrato
Quem não estava presente, quem nada falou
Como poderão apanhá-lo?
Apague as pegadas!
Cuide, quando pensar em morrer
Para que não haja sepultura revelando onde jaz
Com uma clara inscrição a lhe
E o ano de sua morte a lhe entregar
Mais uma vez:
Apague as pegadas!
(Assim me foi ensinado.)

Capítulo 1

Reflexões sobre algumas experiências de cinema e educação

Criar não é deformar ou inventar pessoas e coisas. É travar entre pessoas e coisas que existem e tais como existem, relações novas.
ROBERT BRESSON

Os possíveis vínculos entre o cinema e a educação se multiplicam a cada momento, a cada nova iniciativa ou projeto que os coloca em diálogo. Fundamentalmente, trata-se de um gesto de criação que promove novas relações entre as coisas, pessoas, lugares e épocas. De fato, o cinema nos oferece uma janela pela qual podemos nos assomar ao mundo para ver o que está lá fora, distante no espaço ou no tempo, para ver o que não conseguimos ver com nossos próprios olhos de modo direto. Ao mesmo tempo, essa janela vira espelho e nos permite fazer longas viagens para o interior, tão ou mais distante de nosso conhecimento imediato e possível. A tela de cinema (ou do visor da câmera) se instaura como uma nova forma de membrana para permear um outro modo de comunicação com o outro (com a alteridade do mundo, das pessoas, das coisas, dos sistemas) e com o si próprio. A educação também se reconfigura diante dessas possibilidades.

Quando a educação – tão velha quanto a humanidade mesma, ressecada e cheia de fendas – se encontra com as artes e se deixa alagar por elas, especialmente pela poética do cinema – jovem de pouco mais de cem anos –, renova sua fertilidade, impregnando-se de imagens e sons. Atravessada desse modo, ela se torna um pouco mais misteriosa, restaura sensações, emoções, e algo da curiosidade de quem aprende e ensina. Com o cinema como parceiro, a educação se inspira, se sacode, provoca as práticas pedagógicas esquecidas da magia que significa aprender, quando o "faz de conta" e a imaginação ocupam lugar privilegiado na produção sensível e intelectual do conhecimento. Walter Benjamin (2005) já dissera que da educação das crianças deveriam se ocupar os artistas, colecionadores e mágicos, mas, com relação à pedagogia, isso nem sempre parece ser uma questão de relevância. Pensar possíveis mudanças a partir da relação do cinema com a educação nos leva a pensar (quase sempre) no futuro. Reinventar a educação, para Muniz Sodré (2012), refere-se a um lugar chamado amanhã, uma espécie de convite para habitá-lo, "faz-nos ver que dele algo já sabemos enquanto possibilidade interna de outra instalação temporal, de uma presentificação do futuro que, já aí, na luz ou na sombra, parece aguardar seu próprio advento" (p. 11). Em alguma medida, trata-se de dar à luz ou deixar vir o futuro que carregamos dentro de nós. Esse movimento nunca se revela por completo: há algo desse devir que fica oculto enquanto vai se atualizando. Isso é quase impossível de nomear, mas acho que é quase "filmável", se são crianças que estão por detrás das câmeras. Curiosamente, a lenda conta que, quando George Méliès, em 1895, quis comprar um cinematógrafo para os irmãos Lumière depois da primeira projeção pública de imagens em movimento no *Salon Indien* do *Grand Café*, eles o desapontaram, qualificando o cinema como "uma invenção sem futuro". Qual seria esse futuro? Em que medida a invenção do cinema, ao qual foi negado todo futuro, hoje nos revela outros caminhos para pensar o futuro da educação, sua reinvenção, quando ela foi sempre a "condição de futuro" de toda criança, qualquer que seja o país depois do Século das Luzes?

Com frequência, a educação é apresentada, especialmente nos discursos políticos, como a via de solução das assimetrias sociais, econômicas, culturais, sempre que olhada em perspectiva, como processo longo e efetivo de apropriação. Isso se torna mais evidente se pensamos que ela já foi privilégio de poucos; hoje, um benefício de muitos. Mas, ainda, ela é uma dívida interna para a maioria dos países latino-americanos, um saldo pendente, sobretudo no que diz respeito à sua qualidade, como direito de todos. Essa educação, capaz de atingir a capilaridade de um país de tamanho continental, que, por sua vez, também espelha ou provoca tantas ou mais assimetrias, pode vir a constituir um projeto de justiça social ou projetar alguma sombra de igualdade?

A educação entendida como missão de redução das desigualdades entre os que sabem e os que têm que aprender constitui uma leitura simplificada de seu objetivo principal, segundo o filósofo francês Jacques Rancière (2007). Nesse formato, apenas se subestima a capacidade emocional e intelectual dos sujeitos "aprendentes"/"ensinantes"[2] para se apropriar e produzir conhecimento. Simplificar formatos explicativos para tornar acessível a cultura aos que não sabem, aos pobres, ou simplesmente privados do repertório cultural próprio da elite intelectual das grandes metrópoles, longe de reduzir a desigualdade, a prescreve e sustenta (RANCIÈRE, 2007). Para o filósofo, o pressuposto positivista central de todo *progressivismo* confirma a desigualdade presente em nome de uma igualdade futura. Isto é, o poder da igualdade estaria dado pela universalidade de certo saber igualmente distribuído a todos, sem considerações de origem social, numa escola capaz por si só de reduzir a "fratura social" (p. 24). Para *o mestre ignorante*, Joseph Jacotot[3] – cuja aventura intelectual tem sido motivo de instigantes reflexões de Rancière, no que diz respeito às possibilidades de sermos aprendentes e espectadores emancipados –, a igualdade é fundamental e ausente; ela é atual e intempestiva, sempre dependendo da iniciativa de indivíduos e grupos, que, contra o curso natural das coisas, assumem o risco de verificá-la, de inventar as formas, individuais ou coletivas de verificação (RANCIÈRE, 2007). Ou seja, a base da igualdade está dada pela condição humana mesma. Se outros foram

---

[2] A expressão "ensinante", que não existe em português nem em espanhol, foi tomada da proposta de Alicia Fernandez, psicopedagoga e psicanalista argentina, para quem todo professor é um "ensinante"/"aprendente" e todo estudante é, por sua vez, um "aprendente"/"ensinante". Para evitar reiterações, usarei apenas a primeira palavra do binômio, mas considerando que ela traz embutida, pelo avesso, a outra. Acredito que esta palavra é ainda mais ampla, dando lugar a todas as pessoas que também ensinam e aprendem sem ser professor ou estudante, estritamente. Ao longo do texto, para evitar a repetição dessas expressões, utilizarei indistintamente "ensinante", professor, "aprendente", estudante, aluno, mas sempre com o sentido primeiro, apresentado neste esclarecimento. A expressão "ensinante" e "aprendente" evidenciam o estado permanente, dinâmico e interativo do ensinar e do aprender.

[3] Joseph Jacotot foi um leitor de literatura francesa na *Universidade de Louvain*, em 1818, que viveu uma aventura intelectual em pleno Século das Luzes. Tendo que lecionar para um grupo de alunos holandeses que não liam francês e sendo que ele próprio não sabia falar holandês, escolheu uma edição bilíngue do *Telêmaco*, e pediu para os alunos que o aprendessem amparados na tradução o texto. Para sua surpresa, a experiência superou as expectativas pela compreensão significativa do texto desse grupo de jovens, privados de explicações numa língua que não dominavam. Os alunos holandeses se saíram tão bem quanto seus alunos franceses. Daí parte uma hipótese de extrema força pedagógica da qual o filósofo Jacques Rancière faz sua grande questão tanto para pensar o lugar do mestre (ignorante) como do espectador (emancipado): "Todos os homens, seriam, pois, virtualmente capazes de compreender o que outros haviam feito e compreendido?" (RANCIÈRE, 2008, p. 19).

capazes de fazer e compreender determinadas questões, basta criar condições de tempo e meios para todo e qualquer outro indivíduo da mesma espécie conseguir. Ensinar é concebido, desse modo, como um exercício de tradução e verificação das experiências individuais com o conhecimento. "Compreender não é mais do que traduzir" (p. 27). Nesta tese, oculta-se outra: só há embrutecimento quando uma inteligência é subordinada a outra, quando se aposta no mito da necessidade pedagógica da explicação. Explicar é negar a capacidade dos sujeitos poderem entrar em contato direto com aquilo a ser aprendido. Daí que o autor defina a ordem explicativa como própria de uma pedagogia embrutecedora. Que tipo de experiências seria promovido numa pedagogia emancipadora? Uma escola pensada como transmissora de saberes simplificados, explicados, "mastigados", perderia todo sentido nesse formato. Ela precisaria urgentemente se repensar e inventar novos modos de colocar os aprendentes em contato com o mundo, para provocar movimentos de apropriação, desvendamento e criação. Poderíamos pensar como uma das principais funções dos ensinantes/aprendentes essa capacidade de escolha (e conhecimento dessas possibilidades), para colocá-las em relação com as novas gerações, que acabarão fazendo seus próprios recortes por interesse, afeto ou necessidade, no seu desejo de descobrir e inventar o mundo. Esse novo tipo de professor teria uma primeira obrigação ou dever, por assim dizer, que seria ignorar a distância dos conhecimentos entre ele e seus aprendentes/ensinantes. Não porque ele mesmo não tenha domínio de determinados saberes, mas como modelo inviabilizador da autonomia no processo de aprendizagem e criação dos seus estudantes.

Tomar a igualdade como objetivo (apenas) significa partir da desigualdade. Ela deve estar no começo, na partida. Não temos como verificar *a priori* a igualdade, mas temos como fugir de políticas compensatórias e assistencialistas em educação que sucateiam a oferta pedagógica para professores e estudantes. Isso já significa partir de uma linha comum, da potência das capacidades sensíveis e intelectuais de todos, mesmo que a variável *tempo* oscile na velocidade de apropriação de cada um. A escola, assim, é pensada como um espaço/tempo acelerador desse processo; é desafiada a se reinventar nos modos de organizar encontros entre os aprendentes/ensinantes e o conhecimento. No caso do cinema presente na educação, também há uma igualdade que se estabelece *a priori*, facilitada ainda pela natureza das imagens. Com isto, não estou me referindo a sua inteligibilidade, mas ao que é possível perceber e aprender com as imagens do cinema, para além do entendimento. A princípio, toda criança pequena tem uma compreensão dos filmes, inclusive daqueles que não são produzidos para elas (como público-alvo), no entanto, não são proibidos. Existem inúmeros relatos de crianças que adoram assistir aos filmes favoritos de seus pais, sem, por isso, atingir uma compreensão da narrativa. Algo parecido acontece quando aprendemos a língua materna, que é uma primeira apropriação sem escola. A criança, como todo espectador, observa, seleciona, compara, interpreta: "liga aquilo que vê com muitas outras coisas que já tem visto em outros cenários, em outros tipos de lugares" (RANCIÈRE, 2010, p. 19). No ensino formal, aprimoramos nossa capacidade de leitura, de fala e de escrita dessas linguagens, mas o inicial já estava garantido previamente. Ninguém nunca nos explicou a língua materna e também como assistir a um filme. Na hipótese de afirmar a igualdade, pensamos que na escola, também, podemos ver alteradas certas disposições dos corpos destruindo a clássica relação de hierarquia. Ao assistir a um filme, por exemplo, não há uma relação que coloque os corpos de frente uns para os outros, espelhando o enfrentamento entre quem tem posse de um saber e quem o ignora. Mesmo que o professor ou algum estudante tenha assistido ao filme, todos se colocam no mesmo sentido: de frente à tela. Ao aprender a filmar, por exemplo, todos nos colocamos em torno da câmera. O grupo se dispõe "ao redor" da câmera, desconstruindo qualquer forma de hierarquia de ocupação de lugar de saber. No seu aspecto técnico, esse saber transita com enorme fluidez entre os aprendentes/ensinantes, pelo amplo domínio e agilidade de uso dos recursos dos aparelhos, sem medos nem tabus para explorar e aprender a usar qualquer recurso audiovisual.

Tais processos partem de ensaios e erros, às vezes, orientados por perguntas, que são genuínas curiosidades de manipulação que vão traduzindo conhecimentos e apontando caminhos. Hoje, muitas crianças filmam – sem nunca terem sido ensinadas –, com seus celulares e pequenas câmeras de fotografia. Aulas de cinema na escola, por exemplo, conseguem sofisticar alguns usos e promovem novas possibilidades para diversificação do gosto, se fizermos escolhas de filmes que produzam certo estranhamento, algum silêncio, que alterem as expectativas do que comumente nos é dado a ver nos cinemas de *shoppings* e na TV. Filmes que não satisfaçam o gosto imediato. Esse gosto é possível de ser conjugado, sempre com diferentes objetos, em passado, presente e futuro. A educação tem muito a contribuir para ampliar as possibilidades de acesso às obras (em espaço e tempo) e, assim, possibilitar que o gosto de professores e estudantes se reconfigure em função de uma vastidão maior de opções.

A transformação do gosto, como tímido gesto inaugural da potência do encontro do cinema com a educação, seja ela formal ou não, de crianças pequenas, de universitários ou de jovens e adultos que começam processos de alfabetização é um simples indicador de sua força. E estamos pensando em um tipo de cinema que nos faz pensar, sim – como sugere Ismail Xavier (2008) –, mas não apenas. O pensar se arraiga nos afetos, vibra com as sensações, nos faz intuir, adivinhar, suspeitar. Trata-se de um pensamento que tem raízes no corpo inteiro, como quer Bartolomeu Campos de Queirós (2009, p. 9).

Com o nascimento da ciência moderna, cria-se um alo de suspeita sobre o conhecimento sensível, que atrapalha conhecimento formal, a possibilidade de abstrair a impureza do sensorial. A partir de Descartes, a imaginação é destituída de seu papel de mediadora entre sentido e intelecto. Ao contrário, penso que é dessa contaminação da experiência sensível, das sensações, das emoções e das intuições que o conhecimento se torna visceral, que é possível subjetivá-lo em experiências de alteridade. Trata-se de um conhecimento que, como as imagens do cinema, fica tensionado entre a crença e a dúvida, pelo que nos oculta e revela do seu processo. Especialmente hoje, que vivemos mergulhados em imagens das mais diversas nos diferentes espaços – virtuais ou não –, e ficamos em estado de suspeita. As imagens nos levam a desconfiar, principalmente as imagens da publicidade, que nos incitam a crer que não cremos mais, como afirma Jean-Louis Comolli (2008). E a capacidade de crer não se ensina nem se compra, assim como a de duvidar: "É preciso aceitar crer no que vemos; e para sê-lo ainda mais, seria preciso começar a duvidar – sem deixar de crer" (p. 11). Quando nos apropriamos dos conceitos de crença e dúvida para pensar a crítica e a criação, não estamos pensando nos extremos de dogmatismo e do ceticismo, senão justamente no centro, onde a crença e a dúvida se encontram e quase se confundem. Para Nicolas Philibert (*in* COMOLLI, 2008, p. 171), é o movimento complexo da crença e da dúvida que fundamenta e mantém a relação do espectador com o filme. Qual é se não esse mesmo movimento o que sustenta a relação do ensinante e aprendente com o conhecimento?

> Por meio dos sentidos suspeitamos o mundo
> [...]
> Olhar dói.
> (Se vemos alguém chupando limão,
> sentimos dores no canto da boca).
> Mas enquanto vemos
> Nós sonhamos com nascimentos.
> Olhando,
> imaginamos mistérios.
> Olhar é fantasiar
> sobre aquilo que está escondido
> atrás das coisas.
> Quando olhamos.
> nós acordamos alegrias, tristezas,
> saudades, amores, lembranças,
> quer dormem em nossos corações
> Os olhos têm raízes pelo corpo inteiro.
>
> (Bartolomeu Campos de Queirós)

Neste caso, considero vital nos apropriarmos das três crenças de Cezar Migliorin (2010). A crença no cinema e na sua possibilidade de intensificar as invenções de mundos, ou seja, da possibilidade que o cinema tem de tornar comum o que não nos pertence, o que está distante, as formas de vida e as formas de ocupar os espaços e habitar o tempo. A segunda crença é na escola, como espaço em que o risco dessas invenções de tempo e espaço é possível e desejável. Isto não significa pensar no belo, no conforto ou na harmonia. Significa que é possível inventar espaços e tempos que possam perturbar uma ordem dada, do que está instituído, dos lugares de poder. A terceira crença, necessária para essa relação do cinema com a escola, é na própria criança, nos jovens e na força do seu encontro com filmes, imagens, sons. Trata-se de uma crença na capacidade de autoria, no gesto emancipado e de leitura intelectual e sensível dos filmes, assim como de processos criativos. E podemos, também, acrescentar nossas dúvidas: "A única coisa possível ao ser humano é duvidar".[4] Uma primeira dúvida poderia recair no próprio cinema, como algo absoluto, cuja bondade, em si mesma, daria conta dos conteúdos escolares e das atividades necessárias como fórmula de resolução dos problemas contemporâneos da educação básica. Uma segunda dúvida tensionaria a escola como aquele espaço ideal, onde o fazer arte possa, de fato, transgredir, questionar a ordem dos modelos educativos vigentes que tantas vezes abafam projetos e os desejos dos seus participantes. A terceira dúvida poderia estar ligada à criança, que, em muitos casos, ficou acostumada a um consumo de infinitas horas de sopas televisuais, que aos poucos anestesiaram sua capacidade de se mexer, a vontade de explorar e buscar outras coisas para fazer, ou bem de se deter, fazer silêncio, pensar e imaginar a partir da relação com as imagens, sem montagens arrepiantes e/ou aceleradíssimas. Essas três crenças, tensionadas com suas dúvidas correspondentes, nos levam a afirmar uma intensidade outra estabelecida entre elas quando o cenário é pedagógico. Uma espécie de desafio para transitar entre uma vivência e uma experiência do cinema.

Ver ou fazer um filme pode supor simplesmente uma vivência. Bozhovich (1976), psicóloga russa – discípula de Lev Semenovitch Vigotski, que se ocupou de pensar as questões levantadas pelo mestre até sua morte precoce, a respeito da personalidade –, afirma que a vivência constitui a unidade menor de análise entre o eu e o mundo. Para a psicologia não ocidental, só é possível estudar relações. Quando nos perguntamos pela unidade

---

[4] Expressão do poeta Bartolomeu Campos de Queirós, em entrevista realizada em abril 2010, em Belo Horizonte, que será publicada em breve, nesta mesma coleção.

de base da linguagem cinematográfica, encontramos "o plano". Pensando literalmente, podemos dizer que é aquela parte do filme que fica determinada por dois cortes, mas ele configura uma totalidade em si. De Bazin até Bergala, podemos identificar o plano como "a célula íntima", "aquilo que fundamenta o filme como um todo", "o bloco de espaço e tempo, necessariamente unitário e homogêneo, indivisível, incontestável, que funciona como núcleo do Todo do filme" (DUBOIS, 2004, p. 75). A relação com o mundo atravessada pela câmera produz uma determinada vivência para o aprendente/espectador criador, que é fortemente transformadora. O tipo de vivência do cinema na educação revela uma potência da imagem cinematográfica, que supera a visão tradicional linguística, semiótica e semiológica, propiciando, no espaço educativo, uma experiência sensível e direta com as obras de arte.

De um ponto de vista benjaminiano, a vivência (*erlebnis*) conserva a fugacidade do estar presente, do provisório do viver, do devir. Algo que conjuga a singularidade do imediato do evento com sua memória e transmissão. Leandro Kodner (1998) nos diz que *erlebnis* é a vivência do indivíduo isolado em sua história pessoal, apegado unicamente às exigências de sua existência prática, à sua cotidianidade; é a impressão forte que precisa ser assimilada às pressas, que produz efeitos imediatos" (p. 72). Algo desse imediatismo é perceptível nas vivências das crianças que chegam interessadas em aulas de cinema na escola. De fato, existe algo de aparentemente imediato na vivência do cinema. Um tipo de esquecimento (mesmo que momentâneo) do passado, de hegemonia onipresente do que está dado a ver. A velocidade dos regimes de visualidade atuais condicionam certa inércia proporcionada pela informação e pelos apelos do consumo, que nem sempre é consciente na relação com o que vemos. Já a experiência (*erfahrung*), é o conhecimento obtido através de uma experiência que se acumula, que se prolonga, que se desdobra, como numa viagem (viajar em alemão é *fahren*); o sujeito integrado numa comunidade dispõe de critérios que lhe permitem ir sedimentando as coisas com o tempo (p. 72). Neste caso, esse mesmo universo de linguagens e práticas do indivíduo se associa ao do grupo social, estabelecendo um fluxo de correspondências alimentado pela memória. Para Benjamin (1995), na falta de experiência, só falamos do valor material dos objetos. Cabe a nós nos perguntar em que medida fazer cinema na escola traria uma fusão da fugacidade dessa vivência do indivíduo, mas incorporando algo dessa viagem que traz a memória, dos grupos dos quais fazemos parte, num acontecimento único, radicalmente singular e plural? É possível explicar a fusão do fugaz com o que permanece? Para Baudelaire (2007, p. 10), isto é o que define algo belo:

> O belo é constituído por um elemento eterno, invariável, cuja quantidade é excessivamente difícil determinar, e de um elemento relativo, circunstancial, que será, se quisermos, sucessiva ou combinadamente, a época, a moda, a moral, a paixão. Sem esse segundo elemento, que é como o invólucro aprazível, palpitante, aperitivo do divino manjar, o primeiro elemento será indigerível, inapreciável, não adaptado e não apropriado à natureza humana. Desafio qualquer pessoa a descobrir qualquer exemplo de beleza que não contenha esses dois elementos.

Talvez, Anita Leandro (2010), lucidamente, tenha encontrado uma grande pista para pensar um aspecto comum das vivências e experiências do cinema e da educação: o ponto de vista. Ela se pergunta: "e se a longa história da relação entre cinema e pedagogia não passasse de uma feliz coincidência de pontos de vista, ou seja, uma confluência de posições políticas na escolha do lugar a partir do qual se constrói uma imagem do mundo?" (p. 80). Para a autora, se consideramos o ponto de vista como gesto político que rege a construção do olhar, as dimensões éticas e estéticas desse processo ficam inseparáveis, e desse modo, viram uma questão da educação, particularmente da escola, que, como o cinema, precisa lidar com os problemas de organização do espaço, da relação com o tempo e do questionamento do poder discursivo. Leandro afirma que o ponto de vista convoca a afetividade, a identificação psicológica com os personagens, mas, fundamentalmente, sua inteligência. Estabelece, assim, uma interlocução imediata com o conceito de "espectador emancipado" de Rancière (2010), que coloca todo espectador em situação de igualdade diante das obras, capaz de fazer sua leitura e suas reflexões a partir daquilo que vê. Em outras palavras, para Leandro, o ponto de vista inscreve, na própria textura do filme, uma fresta para garantir atravessar sua opacidade, para penetrar num espaço de interlocução de toda obra como mundo, e inclusive com a escola, da qual faz parte. Ao finalizar suas reflexões sobre o ponto de vista, Anita Leandro compara a postura de Bazin, que proibia toda montagem em prol da preservação da ambiguidade do real, com a de Godard, que a defendia, fundamentado no rigor estético e no humanismo da decupagem clássica. Não haveria uma verdadeira oposição entre ambos, já que, na abordagem de cada um deles, haveria uma moral específica para a construção de cada ponto de vista; reflete a autora a partir de mais de três horas de trechos de fragmentos de filmes no DVD *Le point de vue* (Sobre o ponto de vista), da *Coleção L'Eden*, também coordenada por Alain Bergala (BERGALA; GARDETTE, 2007). Com ele é possível realizar uma viagem não cronológica pela história do cinema através da edição de fragmentos articulados por diferentes pontos de vista. Algo assim como 51 encaminhamentos de continuidade/des-continuidade de estratos para abordar pontos de vista desde vários ângulos (históricos e linguísticos). Esse trabalho levou mais de cinco anos de seleção e organização de trechos de filmes, e promove, simultaneamente uma aprendizagem estética, linguística e histórica. Entre os principais cineastas escolhidos, encontram-se Roberto Rossellini, Luis Buñuel, Dziga Vertov, Abbas Kiarostami, Jean-Luc Godard, Alfred Hitchcock, Pier Paolo Passolini e Jean Renoir. O modelo oferecido responde à pedagogia do fragmento pela qual Bergala (2006) considera que é possível apresentar planos de diferentes filmes, colocando-os em relação por critérios de filiação, temáticos, entre outros.

Nesse sentido, Anita Leandro (2010) afirma que esta quantidade enorme de trechos de filmes, articulados e combinados, nos leva necessariamente a aprofundar algumas formas de relação entre o real e a ficção. Elas apresentam, para mim, um novo caminho comum para pensar e fazer experiências de cinema e de educação.

Capítulo 2

Pontes e caminhos "entre" a realidade e a imaginação

> Nada pode dar a medida da mudança produzida no significado da experiência como o transtorno que ocasiona no estatuto da imaginação. Pois a imaginação que atualmente é expulsa do conhecimento como 'irreal' era, pelo contrário, para a antiguidade, o medium *por excelência do conhecimento*. [...] *Longe de ser algo irreal, o* mundus imaginabilis *tem sua plena realidade entre o* mundus sensibilis *e o* mundus intelligibilis *e, inclusive, é a condição de sua comunicação, ou seja, do conhecimento.*
>
> Giorgio Agamben, 2001, p. 25

> *A criança quer puxar alguma coisa e torna-se cavalo, quer brincar com areia e torna-se padeiro, quer esconder-se e torna-se bandido ou guarda.*
>
> Walter Benjamin, 2005, p. 93

Seria possível dialogar com muitos autores neste capítulo. Mas a importância da imaginação tem sido notavelmente resgatada por Agamben (2008), em *Infância e história*. Ele tenta restaurar o *status* da imaginação como condição da comunicação e do conhecimento. Em geral, os centros educativos tendem a considerar as atividades realizadas com a imaginação como tarefas restritas ao campo das artes e, quando algum professor arrisca "imaginar" em suas aulas sobre outros temas, isso é considerado como "tempo perdido". Em busca desse "tempo perdido" é que conseguimos ganhar outro tempo, cuja potência criativa nos aproxima de outros modos do saber, da descoberta e da invenção.

O real e o ficcional, a realidade e a fantasia são extremos de um caminho pelo qual cinema e educação transitam e, eventualmente, se encontram. Acredito que nem sempre existiu essa distinção. Por exemplo, não é novidade que a humanidade sempre contou histórias que misturavam realidade e fantasia para moralizar os costumes das novas gerações. A Bíblia está cheia de testemunhos nesse sentido. No cinema, não foi diferente: "Todo cinema procede do *cinematógrafo Lumière*, e [...] tanto no instante de seu nascimento como no de seus primeiros sucessos, a distinção 'ficção/documentário', longe de se impor como preconceito, não era sequer imaginada" (COMOLLI, 2008, p. 28). Comolli nos faz pensar, também, que em todo filme de ficção há algo que é próprio dessa realidade: o corpo dos atores, suas vozes, os objetos.

Neste capítulo, vamos dialogar também com um autor que nos propõe concretamente quatro caminhos ou pontes para transitar entre o real e a fantasia: Lev S. Vigotski (2000). Quiçá alguém julgue uma aparente contradição, ao colocar em relação este autor russo, conhecido pela importância do conceito da "mediação", com Jaques Rancière, que aposta na igualdade como capacidade de "encontro direto" de todo sujeito com as obras. Porém, seria útil fazer um pequeno esclarecimento, antes de entrar nas relações entre realidade e imaginação, acerca do conceito conhecido como ZPD (Zona de Desenvolvimento Proximal) – tosca tradução do inglês para o português e o espanhol –, recentemente renomeada pelas traduções diretas do russo como "zona de desenvolvimento imediato". Vigotski estava preocupado em identificar, no processo educativo, o aparecimento ou desaparecimento de linhas internas de desenvolvimento no momento em que se verificam durante a aprendizagem escolar. Para o autor, é ela que orienta e promove processos de desenvolvimento. Inclusive, cada matéria escolar estabeleceria relações próprias com o curso desse desenvolvimento. Em suas palavras: "[...] o processo de desenvolvimento segue o da aprendizagem, que cria a área de desenvolvimento imediato" (VIGOTSKI, 1991, p. 17). A mediação, de fato, só acontece nessa zona intermediária, entre o extremo da *zona de aprendizagem efetiva ou real*, onde o indivíduo transita com absoluta autonomia na apropriação de conhecimentos, e o outro extremo da *zona de desenvolvimento potencial*, na qual o indivíduo não consegue aprender nem mesmo com ajuda desse outro social. O processo de mediação se situa "entre", na *zona de desenvolvimento imediato* (ZPI), onde a aprendizagem é promovida com a participação ativa e temporal de um professor ou um colega, que identifica o limite de aprendizagem do aprendente e inventa pistas e modos de ele conquistar novamente sua autonomia, dispensando todo auxílio. A teoria das zonas sugerida por Vigotski parte da capacidade emancipada de conhecimentos que toda criança traz ao chegar à escola e prevê, também, uma relação emancipada com os novos conhecimentos adquiridos. As formas de intervenção previstas na zona de desenvolvimento imediato nunca incluíram a "explicação, e sim a produção de formas criativas como gesto de mediação do encontro direto com o conteúdo. Identificam-se, por exemplo, diante de uma sequência de exercícios, ordenada em complexidade crescente – quando um aprendente não consegue avançar por si só –, ações possíveis: reler enunciados, fazer perguntas, dar pistas ou desenhar algum esquema ou rabisco que permita ao estudante pensar, descobrir ou inventar uma estratégia de solução. Em muitos casos, basta pedir para o próprio aluno ler em voz alta o enunciado do exercício para que ele próprio descubra que sabe o que deve fazer. Resumindo, o espaço definido entre o limite dado pela necessidade de um outro para mediar a apropriação de um determinado conhecimento até a ausência dessa possibilidade, mesmo com auxílio do outro social, é o que se denomina *zona de desenvolvimento imediato*. Ela garante um tipo de intervenção social que, no meu entender, está muito mais próxima do conceito ranceriano de tradução e verificação, do que o de explicação. O ensinante situado na ZPI, como o cinema na relação com o mundo, mais interroga e escuta do que explica. Vale esclarecer ainda que a psicologia russa[5] não divide em estágios o desenvolvimento humano e aposta na força da linguagem e do afeto das relações, dos contextos sociais e das unidades subjetivas de desenvolvimento. Tais unidades são os acontecimentos ou fatos que marcam nossas vidas, como molas efetivamente propulsoras do desenvolvimento – uma mudança de cidade, uma morte, ganhar um cão, o processo de alfabetização, etc. Elas variam substantivamente de pessoa para pessoa e não podem ser organizadas em períodos cronológicos, já que, muitas vezes, elas dependem de acontecimentos impossíveis de prever.

Feito esse esclarecimento inicial, o que nos ocupa neste capítulo é o que Vigotski tem a nos dizer quando pensa a relação entre arte e imaginação. Para ele, a atividade criadora consiste em "toda realização humana criadora de algo novo, seja de reflexos de algum objeto do mundo exterior, seja de determinadas construções do cérebro ou do sentimento que vivem e se manifestam

---

[5] As aulas com os professores cubanos Fernando Gonzáles Rey e Albertina Mitjáns Martínez, no Programa de Pós-Graduação em Psicologia da Universidade de Brasília (1998-2000), foram fundamentais para conhecer algo da psicologia russa, e dos discípulos de Vigotski que foram seus formadores, na Universidade de Moscou.

só no próprio ser humano" (VIGOTSKI, 2000, p. 7). Para o mestre russo, o fundamento orgânico dessa atividade estaria dado pela natureza de nosso sistema nervoso, que possui tanto a propriedade da plasticidade, como a da conservação das pegadas do que realizamos. Para ele, nosso cérebro poderia ser comparado a uma folha de papel na qual fazemos uma marca: bastará soprar para que a folha se feche exatamente pela marca realizada. O mesmo acontece nos caminhos de terra pelos quais as rodas desenham verdadeiras estradas. Porém, embora tenhamos essa especial disposição para conservar experiências vividas e facilitar sua reiteração diante de qualquer mudança, somos capazes de reagir combinando conhecimentos prévios em uma tentativa de adaptação e ajuste, *criando*, mesmo que não possamos utilizar nossos próprios acervos mnemônicos: "Quando imaginamos quadros do futuro, por exemplo, a vida humana no socialismo, ou quando pensamos em episódios antiquíssimos da vida e da luta do homem pré-histórico, não nos limitamos a reproduzir impressões vividas por nós mesmos" (p. 9). A atividade criadora faz do homem um ser projetado para o futuro, enquanto modifica seu presente. Em outras palavras, a imaginação não é um "divertimento caprichoso do cérebro"; ela é, antes, uma "função vitalmente necessária" (p. 15). Assim, o mestre orshano[6] propõe quatro formas de demonstrar a ligação entre a imaginação e realidade:

A *primeira forma* de vinculação entre fantasia e realidade "consiste em que toda elucubração se compõe sempre de elementos tomados da realidade, extraídos da experiência anterior do homem" (p. 16). A partir daí, formula a primeira lei da função imaginativa, que afirma que a atividade criadora da imaginação encontra-se em relação direta com a riqueza e a variedade da experiência acumulada pelo homem, porque ela constitui o material com o qual erigirá os edifícios da fantasia. Uma sereia, por exemplo, pertence ao universo da fantasia, mas ela está composta por partes de seres reais: mulher e peixe. "Quanto mais rica seja a experiência humana, tanto maior será o material de que dispõe essa imaginação" (p. 17).

As implicações pedagógicas dessa primeira lei são evidentes. Inclusive, pensada a partir do cinema, podemos complementar que a matéria-prima dessa arte é a realidade mesma, como afirmara Passolini (1982). As imagens no cinema sofrem o mundo, são afetadas pelo real, e o cinema é uma operação de escritura com essas imagens. "Ou seja, por um lado ele é mundo, por outro ele é alteração" (MIGLIORIN, 2010, p. 106). Em consequência, o cinema nos

---

[6] Vigotski nasceu em 5 de novembro de 1896, na cidade de Orsha, e morreu em 11 de junho de 1934 em Moscou.

coloca sempre em relação com uma transformação contínua da realidade. O cinema na escola, como dispositivo de criação de novas relações do que conhecemos, põe em risco as certezas acerca dessa realidade, não sendo mais possível ensinar isso ou aquilo, e sim o abandono, sugere Migliorin: "O que talvez o cinema tenha para ensinar seja a sua essencial ignorância sobre o mundo, ponto exato em que criação e pensamento se conectam" (p. 116). O gesto criativo é aquele que consegue sintetizar, em um ato único, inteligência, afetividade, sensação e intuição, devolvendo alguma unidade às funções classicamente segmentadas pela psicologia da educação.

A *segunda forma* de ponte entre realidade e imaginação, mais complexa e distinta, se realiza entre "produtos preparados da fantasia e determinados fenômenos complexos da realidade" (VIGOTSKI, 2000, p. 19). Esta forma não se limita a reproduzir o assimilado em experiências passadas, mas parte delas para criar novas combinações. Podemos exemplificar isso quando imaginamos como é a vida no Amazonas ou no antigo Egito. Se não tivéssemos imagens de rios caudalosos, de florestas selvagens, embora conhecidos em fotos ou gravuras, de areia e deserto, de faraós e esfinges, mal poderíamos nos situar em um lugar que não conhecemos (embora possamos conhecer) ou em outros espaços/tempos impossíveis de ter acesso. Hoje, a tecnologia das artes visuais torna esta segunda forma mais acessível. Porém, o mais importante desta ponte é a necessidade da experiência da alteridade. Só porque alguém alguma vez foi, viu, fotografou, desenhou, filmou, escreveu ou simplesmente contou como eram tais locais é que, aqui e agora, podemos imaginar essa realidade distante ou esse passado (ou futuro). Só porque a imaginação trabalha orientada pela experiência do outro é que o produto da nossa fantasia nos aproxima de determinada realidade, alargando as possibilidades do conhecimento.

Temos nisso uma importante implicação pedagógica: a imaginação converte-se em condição de ampliar o conhecimento da realidade, por ser capaz de imaginar o que não tem visto e de se basear nos relatos, imagens ou descrições da experiência alheia. Na primeira forma, a imaginação toma por base a experiência, e na segunda, é a experiência que se baseia na imaginação.

Se pensarmos essa segunda forma em relação ao cinema, descobrimos que não é pouco o que aprendemos sobre a realidade a partir do cinema. Jean-Louis Comolli irá dizer que o cinema se desgasta para nos fazer crer que ele olha para o mundo, quando, de fato, ele é um pedaço de mundo que nos olha: "Os filmes [...] não são apenas abertos para o mundo, eles são atravessados, furados, transportados pelo mundo" (COMOLLI, 2008, p. 170). Tanto no cinema, como na escola, somos colocados diante da possibilidade de reproduzir ou inventar. É necessário inventar, sempre, com o mundo, outros modos de habitá-lo. Esta segunda forma frisa, também, a importância do outro. E a alteridade é especialmente cara ao cinema. Em *O abecedário de cinema,* gravado com Alain Bergala (2012), ele afirma:

> Alteridade.[7] O cinema é a forma de arte que, imediatamente, capturou a alteridade. [...] Porque em um filme pode haver elementos que são completamente heterogêneos e diferentes. Era menos o caso na Pintura ou na Música, porque o cinema captura a alteridade do mundo e a alteridade está, frequentemente, nos bons filmes e nos bons cineastas. O maior cineasta da alteridade é Rosselini, que filma, por exemplo, uma estrela hollywoodiana, Ingrid Bergman, no mesmo quadro de uma criança pequena de Lille, que não compreende nem a linguagem, nem nada. O cinema permite confrontar no mesmo quadro, no mesmo filme, coisas que são radicalmente heterogêneas. Então, é evidentemente muito importante também pelo cinema, quando a criança ou adulto pode fazer a experiência direta da alteridade. Em um filme, por exemplo, um homem pode se identificar completamente com uma mulher, com o pensamento ou os problemas de uma mulher, enquanto que na vida real é muito mais difícil. O cinema permite que nos coloquemos – é Serge Daney quem dizia isso – o cinema permite que nos coloquemos no interior do outro, o que na vida real é extremamente difícil. É por isso que o cinema é extremamente importante para as crianças. Porque as crianças vivem em um mundo pequeno (a casa, a família e a escola) e o cinema lhes dá acesso a experiências que elas não conhecem. Elas conhecerão talvez mais tarde, quando forem adultos, quando começarem a viver. Isto significa que o cinema permite às crianças ter uma ideia muito mais ampla da alteridade do que do seu próprio lugar na vida, que é pequeno, enfim, no nível da experiência. [...] o cinema nos dá, na infância, experiências que serão talvez as que se farão no futuro. O cinema nos fala de nós, de coisas que nós não conhecemos ainda, mas que sabemos que são para nós e sabemos que são nossas. Há filmes em que as crianças veem e compreendem, ainda que no momento sejam muito pequenas, elas compreendem que isso tem a ver com elas. Logo, é por isso que o cinema é extremamente formador, mas muito profundamente sobre a relação com o mundo que se pode ter.

---

[7] Este abecedário foi realizado como parte da consultoria que Alain deu ao Projeto Cinema para Aprender e Desaprender da Faculdade de Educação da UFRJ e está disponível no site <http://www.cinead.org/?p=382>. Ele compõe um grupo de materiais didáticos produzidos para serem disponibilizados para livre acesso na internet. Ele falou espontaneamente diante de cada palavra que foi sugerida (e em alguns casos, ele próprio sugeriu alguma). Ao tornarem texto escrito, de suas palavras emerge um tom coloquial que preferimos respeitar.

Esse outro, que contorna e afirma nossa singularidade, constitui, também, a experiência material e viva da primeira noção de deveres e direitos.

Voltando à *terceira forma* de ligação entre imaginação e realidade é o enlace emocional, que se manifesta dupla e reciprocamente. Ela está regida pela *lei da dupla expressão dos sentimentos* (VIGOTSKI, 2000, p. 21):

1. Toda emoção tende a manifestar-se em determinadas imagens concordantes com elas. Os sentimentos influem na imaginação (se estamos alegres, vemos tudo com olhos alegres, pois, internamente, são associadas imagens, lembranças, cores alegres, por exemplo).
2. A imaginação influi também nos sentimentos. Tudo que edifique a fantasia influi em nossos sentimentos, e embora a construção da fantasia não concorde com a realidade, os sentimentos que ela produz são reais, efetivamente vivenciados por quem os experimenta (por exemplo, nós sentimos medo, realmente, a partir de uma sombra que "imaginamos" ser um bandido).

As combinações de imagens da fantasia resultam do caráter aglutinante do fator emocional que tende a integrar imagens nem sempre associáveis logicamente. Algo assim como imprimir um tom afetivo comum a um conjunto não necessariamente uníssono. Prova disto é o *efeito Kulechov*.[8] O cineasta e professor russo demonstrou, nos albores do século XX, que, por efeito da ordem na edição dos planos, é possível criar uma reação ilusória no público. Assim, um mesmo plano de alguns segundos de um ator filmado fazendo a expressão mais neutra possível, se editado depois de um plano de alguns segundos de uma criança morta em um caixão, fez com que os espectadores encontrassem tristeza na expressão do ator; se montada com uma imagem de um prato de sopa, fome; e se montada com a de uma mulher deitada em um divã, desejo. O plano do ator montado nos três casos foi o mesmo.

Evidentemente, há um espaço entre o que nos é dado a ver e o que imaginamos que é fortemente impregnado pelo que sentimos e o que essa emoção nos oculta e revela da imagem. Pensemos, agora, nas implicações pedagógicas desta terceira forma. Embora circule nos cursos de pedagogia a ideia de que "a razão nasce da emoção, mas vive de sua morte",[9] aposto fortemente na potência da emoção envolvida no aprendizado. Isto não significa uma proposta disciplinar para a afetividade. Ela faz falta contaminando os conteúdos, contagiando as relações e fundamentalmente o desejo de aprender,

---

[8] Disponível em: <http://www.youtube.com/watch?v=DwHzKS5NCRc>. Acesso em: 8 mar. 2013.
[9] Clássica frase da professora Heloísa Dantas (1992, p. 86), referindo-se à obra de Henri Wallon.

para reunir às cabeças – alvos de toda educação movida pela força das correntes cognitivistas –, os corpos esquecidos e acéfalos, jogados por séculos, para fora dos muros da escola. Ao mesmo tempo, é importante poder criar espaços de reflexão diante daquilo que nos emociona: às vezes, uma publicidade nos emociona. Poder discernir gestos de manipulação de nossas emoções poderia ser um grande objetivo escolar a partir da onipresente força das imagens que assistimos hoje na TV, no computador, nos tablets, no celular, na rua, nos elevadores, nos ônibus, etc., visando, na maioria das vezes, a um determinado tipo de comportamento dos espectadores, potenciais consumidores.

Para Bergala (2012), a emoção é algo especialmente delicado no cinema:

> A emoção é uma palavra muito perigosa, para falar de cinema. [...], na França, por exemplo, havia um *slogan*, em um determinado momento, que dizia que o cinema é emoção e só isso. Isto é, a emoção era o valor absoluto dos filmes. Então, é claro que é muito perigoso, porque há emoções que são indignas. Há emoções que são obtidas através do cinema, que são absolutamente indignas. Não é só porque há emoção que o filme será bom ou ruim. Por outro lado, existem filmes em que a emoção é obtida por meios tão desleais, que, no final, é uma emoção ruim. E a emoção, quando se fala, quando se discute sobre emoção, é preciso sempre se perguntar como essa emoção foi obtida. Ela foi obtida através de chantagem ao espectador? É muito fácil fazer o espectador chorar. Mas não é porque o espectador chora que o filme é bom. Porque, afinal, os alemães que assistiam aos desfiles de Hitler choravam. Eles ficavam muito emocionados. Não se pode dizer que esta seja uma boa emoção. É verdade que no cinema há emoção. É verdade que é uma arte, na qual a emoção é muito importante. Mas a emoção não pode ser um critério de julgamento, nem de análise.

Como discernir uma emoção indigna? Como sensibilizar sem fragilizar? Como garantir um espaço de suspeita diante do que nos emociona sem racionalizar tudo neuroticamente? Urgentes desafios, novos aprendizados.

A *quarta forma* proposta por Vigotski (2000), uma das mais poderosas pedagogicamente, é aquela em que a fantasia constrói algo inteiramente novo, não existente na experiência do homem, nem semelhante a qualquer objeto real, sendo ele próprio real.

> Os elementos que entram na sua composição são tomados da realidade pelo homem, dentro da qual, no seu pensamento, sofreram complexa reelaboração, transformando-se em produto de sua imaginação. Por último, materializando-se, voltaram à realidade, mas trazendo com eles uma força ativa, nova, capaz de modificar essa

mesma realidade, fechando-se, desse modo, o círculo da atividade criadora da imaginação humana (p. 24-25).

Pensemos em uma bicicleta, ou em uma caneta, ou em qualquer objeto que já tenha sido inventado, ele é fruto da combinação de elementos conhecidos, na fantasia, que dá lugar a coisas novas, reais. O guidão, as rodas, os pedais, por exemplo, preexistiam à bicicleta, mas foi necessário imaginar uma outra disposição desses e outros elementos, já conhecidos, para que a bicicleta pudesse ser inventada. Vigotski nos alerta para não pensar apenas na esfera técnica e ampliá-la para a esfera emocional, social, política. Esta quarta ponte nos permite justificar, amplamente, até de um modo funcionalista, se assim quiser, a necessidade de exercitar a imaginação como parte da experiência educativa, qualquer que seja o nível de ensino. Assim como uma criança pequena quer brincar com areia e se torna padeiro – como diz Benjamin (2005) –, crianças, adolescentes e adultos precisamos imaginar outros modos de nos relacionar para devolver novos formatos à relação entre casais, à própria família, à escola, aos sindicatos, à sociedade toda, instituições que arrastam uma crise de longa data. Precisamos, mais do que nunca, inventar novas vacinas contra doenças que acabam fatalmente com a vida de pessoas jovens, modos de nos divertir sem prejudicar a saúde ao ponto de perdê-la, por exemplo. É tão necessário, tão antigo como atual, imaginarmos novos modos de distribuição de renda que de fato promovam a sonhada justiça social. E nossa democracia, não está precisando mesmo de um novo tratamento?

Imaginemos, por exemplo, em plena tirania do consumo, um exercício de imaginação na escola improvisando uma realidade sem dinheiro, em que precisássemos fazer de conta que somos "novos Robinson Crusoé" ao ficarmos em uma ilha cheia de tesouros, mas sem água, sem alimentos, longe dos afetos. Teriam assim chance de entrar em cena, com força vital – mesmo que no jogo imaginário –, algumas das necessidades primárias de sermos humanos?

Em toda invenção subjaz sempre uma forma de intuição. Na escola, lhe é dada uma importância relativa, embora novas linhas de psicologia já a apontem como a forma superior da inteligência. No caso do cinema, a intuição é um elemento de estima e pode fazer toda a diferença no processo criativo, segundo nos diz Bergala (Fresquet; Nanchery, 2012):

> Intuição. O cinema tem algo de específico sobre a criação, sobre as escolhas da criação. Quando filmamos um plano, em uma ficção, por exemplo, há necessariamente uma parte lógica. Há uma parte que é deduzida, já que o plano, se o filmamos, é porque ele tem uma função

no roteiro, na história. Isto depende de inteligência lógica. Neste momento, é preciso ver mais o homem do que a mulher? Depende da cena e do recorte em que se está. Mas, se o cinema não é apenas lógica, em geral, não é apenas criação. [...] Os verdadeiros cineastas, que acreditam na criação, têm necessidade também de, no momento em que eles fazem os quadros, em que eles decidem alguma coisa, confiar em suas vontades, suas intuições, seus desejos. Isto quer dizer que a parte da intuição é muito importante. Como um pintor. Um pintor, talvez, diga que o amarelo é necessário. Mas depois, quando ele coloca o toque com o pincel, não é mais lógica, isto é, depois, é o corpo, é a vontade, é o toque. Isto é o próprio, tenho a vontade de dizer, o grande cineasta. Em seu ato de criação, há, ao mesmo tempo, uma parte lógica, senão, não há filme, não há história, mas ele nunca renuncia à parte intuitiva, à parte... Eu tenho vontade de filmar aqui, desse jeito, porque eu vou ver a luz nos cabelos, etc. Aí, não é mais lógica, é o sensível e é intuição.

A propósito de intuir o que seria necessário para finalizar este capítulo, gostaria de trazer a ideia central de OIUQONIP – como diz Rubem Alves em um dos seus livros sobre *Estórias para quem gosta de ensinar* (1984). Ele lembra que a história de Pinóquio é a de um boneco de madeira que queria virar "um menino de verdade". E alerta aos educadores para não contar a história do Pinóquio pelo avesso, isto é, transformar nossos alunos, crianças (ou jovens), vivos, ativos, curiosos, e cheios de perguntas em bonecos de madeira, insensíveis e robotizados, que só respondem aos movimentos dos fios movidos por adultos. Para Ebert (2004), crítico de cinema, Pinóquio, em alguma medida, representa um sentimento universal: toda criança quer ser considerada um ser real atual, uma pessoa "de verdade" e duvida que o possa ser. Será a escola esse espaço onde elas possam se sentir valorizadas como tal, e não como projetos de adultos e, ao mesmo tempo, o lugar onde arranjar algum tempo para poder imaginar o mundo onde queiram viver quando crescer?

Gosto de pensar essas quatro formas nas quais Vigotski entende a relação entre a realidade e a imaginação como quatro grandes pontes onde é possível transitar aproximando questões comuns ao cinema e à educação.

Nesse trânsito, surge a aprendizagem concebida não como um processo de solução de problemas nem a aquisição de um saber, mas como um processo de produção de subjetividade, como afirma Virginia Kastrupf (2005). Do ponto de vista da autora: "O problema da formação do professor surge ressignificado, envolvendo uma política cognitiva sintonizada com o entendimento da cognição como invenção de si e do mundo" (p. 1273).

Vamos pensar mais possibilidades dessa invenção na fricção do cinema com a educação?

Capítulo 3

O cinema como arte na escola:
um diálogo com a hipótese de Alain Bergala[10]

> *Considero uma sorte, muito rara na vida, receber a proposta de colocar em prática as ideias surgidas em mais de vinte anos de reflexão de experiências e de trocas numa área tão ingrata quanto a da pedagogia, em que todo mundo sempre recomeça do zero, e em que os ganhos da experiência se capitalizam, em geral, muito pouco, sobretudo num campo minoritário como o do cinema.*[11]
>
> ALAIN BERGALA, 2006, p. 9

A hipótese-cinema. Pequeno tratado de transmissão do cinema dentro e fora da escola é uma ousada e poética proposta para a educação. De sua leitura, surge a necessidade de levantar algumas questões e a vontade de dar a conhecer e problematizar alguns tópicos da obra de Bergala. Um artista

---

[10] Texto adaptado de publicação anterior em: LEONEL, Juliana de Melo; MENDONÇA, Ricardo Fabrino. *Audiovisual comunitário e educação: histórias, processos e produtos*. Belo Horizonte: Autêntica, 2010. Embora as referências sejam múltiplas, o diálogo que estabeleço neste trabalho está travado especialmente com diversos tópicos do livro *L'hipothèse cinéma. Petit traité de transmission du cinema à l'école et ailleurs*, publicado em 2002 em Paris por Alain Bergala. As reflexões do trabalho também estão impregnadas pelas falas proferidas por Bergala no II e no VI Encontro Internacional de Cinema e Educação da UFRJ. Bergala fez a abertura da I e V Mostra da Faculdade de Educação da UFRJ no MAM e apresentou a I e V Mostra Mirim de Minuto Lumière (também na Cinemateca do MAM). Atualmente, é o consultor externo do projeto Cinema para Aprender e Desaprender, para a criação de um Centro de Referência em Pesquisa e Docência em Cinema e Educação e para a criação de escolas de cinema em escolas públicas do Rio de Janeiro (2011/13).

[11] Todas as traduções dos trechos citados neste livro do livro *Hipótese-cinéma* são da autoria das tradutoras Mónica Costa Netto e Silvia Pimenta.

(cineasta, teórico, crítico, escritor e professor) abordando questões de educação é sempre uma contribuição; aliás, é uma iluminação para nossa área.

A hipótese do cinema como arte na escola consiste em entendê-lo como alteridade. Nada mais estrangeiro do que a arte no contexto escolar. Arte não obedece, não repete, não aceita sem questionar. Arte reclama, desconstrói, resiste com certa irreverência. Tome-se o cuidado de ler *arte* e não *ensino da arte*. Esta é característica principal do projeto de arte de Jack Lang – ministro da Educação na França –, desenvolvido no ano 2000. Alain Bergala, conselheiro deste projeto, concebe o cinema na escola como "um outro", um estrangeiro, porque leva para tal contexto algo que, tradicionalmente, não é próprio dele: a criação. Trata-se de uma sorte de avesso, de outra leitura do que se faz pedagogicamente com as atividades ligadas às artes, pelo menos na França no início deste milênio. E nesta parte Sul do hemisfério americano, poderíamos apontar essa ausência da criação como um elemento comum?

As novas tecnologias vêm produzindo certa revolução na relação da escola com o cinema. A leveza e a simplicidade de operação de equipamentos e programas de edição, cada vez mais acessíveis em custo e uso, facilitam que o cinema penetre o espaço escolar a partir de diversas iniciativas de produção simples: curtas-metragens de animação e ficção; documentários; "cinema-teatro"; pequenas filmagens com celulares ou câmeras digitais de fotografia, para citar alguns exemplos. "Nada se pode esperar de um cinema ancorado no teatro. Nada mais deselegante e ineficaz que uma arte concebida dentro da forma de outra", afirma Bresson (2005, p. 55). Mesmo assim, todas essas produções pretendem aproximar, de um modo cada vez mais contundente, a experiência do cinema e a educação formal. O aumento do espaço para essas produções em festivais evidencia um crescimento dos trabalhos audiovisuais realizados em escolas, o que contrasta com sua qualidade. A maioria delas evoca as novelas ou comerciais do momento. Se tentarmos relacionar essas práticas com algumas teorias do cinema que o concebem como "substituto do olhar, arte, linguagem, escrita, pensamento, ou manifestação de afeto e simbolização do desejo" (AUMONT; MARIE, 2003, p. 289-291), identificamos que a perspectiva do "cinema como arte" mostra-se a mais ausente no cenário escolar. Dessa ausência, que simultaneamente se constitui em desejo, surge a necessidade de aprofundar o diálogo com a leitura que Alain Bergala faz do cinema na escola. Interessa-nos descobrir e questionar as possibilidades que a escola abre para o cinema, para a infância, para esse encontro.

Quem é Alain Bergala?

[...] tenho o sentimento de ter encontrado a energia para iniciar esse "plano cinema" pensando, antes de tudo, nas crianças que devem se encontrar hoje, mais ou menos na mesma situação em que eu estava na infância: deserdados, distantes da cultura, à espera de uma improvável salvação, com poucas chances sociais de se dar bem na escola e não dispondo de um objeto preferido ao qual se apegar. (BERGALA, 2006, p. 12).

Segundo Mario Alves Coutinho (2007), quando Bergala era ainda um jovem estudante em *Aix-en-Provence*, no ano de 1965, ele foi marcado por uma experiência determinante em sua vida: "Sabendo que um cineasta, chamado Godard, iria filmar alguns planos numa ilha, próximo de onde morava, ele [Alain Bergala] pediu a um amigo sua câmera de 16 milímetros e rumou para o local, no dia da filmagem" (p. 86). Com medo de ser descoberto, solicitou autorização para filmar a um assistente do diretor. Godard autorizou, com a condição de que não fumasse. Embora o episódio tenha ocorrido em sua infância, foi ele que colocou o cinema no cerne de sua vida profissional.

Alain Bergala é cineasta e foi professor de cinema em *Sorbonne Nouvelle, Paris III; Lyon II* e *Rennes II*. Aposentado, hoje dirige o departamento de Análise de filmes em La Fémis (École National Superieure des Metiers de l'Image et du Son). Foi redator, redator-chefe e diretor de coleções nos *Cahiers du cinéma* de 1978 a 1988. Foi conselheiro do ministro de Educação, Jack Lang, durante os anos 2000/2002, e diretor a partir de 2000 da coleção de DVD *L'Eden cinéma*. A realização de filmes[12] e livros refletem a indivisibilidade de sua vida como professor/cineasta.

---

[12] Filmes:
- *Le mauvais œil*, curta-metragem, 1980; *Faux-fuyants*, longa-metragem, 1983. (Correalização J.-P. Limosin); *Où que tu sois*, longa-metragem, 1987; *Incognito*, longa-metragem, 1989; *Pense a moi*, longa-metragem, 1989; *Le temps d'un retour*, ensaio filmado em Marseille no século XIX, 67 min., 1991; *Cesare Pavese*, coleção Un siècle d'écrivains, 47 min., 1995; *Les motifs de Fernand Léger*, 52 min., 1997. (Filme da exposição Fernand Léger no Centro Pompidou); *Les Fioretti De Pier Paolo Pasolini*, coleção Un siècle d'écrivains, 47 min., 1997. Transmitido pela rede nacional de televisão France 3; *Le cinéma, Une histoire de plans*, tomo 1, 47 min., 1998; tomo 2, 60 min., 1999; *D'Angèle à Toni*, 35 min., 1998; *Bleu Mediterranée*, 52 min., 2000. (Filme da exposição Les peintres et la Méditerranée no Grand Palais); *Les belles endormies*, coleção Les scénarios de l'art, 26 min., 2000; *Les gisants et les morts*, coleção Les scénarios de l'art, 26 min., 2000; *La fenêtre*, coleção Les scénarios de l'art, 26 min., 2002; *Le kid*, coleção Chaplin aujourd'hui, 26 min., 2002; *Paris-Madrid allers-retours*, coleção Cinéma de notre temps dedicada a Victor Erice, 2009.

Livros:
- *Correspondance New-Yorkaise - Les absences du photographe*. (Coautor Raymond Depardon) Ed. *Cahiers du cinéma*, 1981; *Roberto Rossellini. Le cinéma révélé*. Ed. *Cahiers du cinéma*, 1985; Coautor de *Esthétique du film*. Ed. Nathan 1983; *Voyage en Italie de Roberto Rossellini*. Ed. *Yellow Now*, coleção Long-Métrage, 1990; *Europe 51 de R.Rossellini*. Ed. CNC, Ministères de la Culture et de l'Education, 1993; *Magnum Cinéma*, Ed. *Cahiers du cinéma*, 1994; Maître d'œuvre du livro *Jean-Luc Godard par Jean-Luc Godard*. Ed. *Cahiers du cinéma*, tomo 1, 1985, tomo 2, 1998; *Nul mieux que Godard*, Ed.

Ele é, particularmente, atraído por filmes cujos pequenos heróis concentram-se em um objeto; uma obsessão para se salvar em um mundo no qual a única oportunidade de existir passa por um "resistir" impulsionado por uma paixão pessoal. Esse é o caso dos filmes de Abbas Kiarostami, diretor que tem despertado seus interesses de pesquisa (BERGALA, 2004).

Bergala (2006) se refere à educação e ao cinema como duas formas de salvação pessoal, fundamentais à sua própria constituição. Cronologicamente, a primeira foi pedagógica: "A escola, em primeiro lugar, me salvou de um destino de aldeão no qual nunca teria tido acesso nem à vida nem à cultura de adulto que acabariam sendo as minhas" (p. 11). Um professor insistiu fortemente com sua mãe para que ele continuasse com os estudos de ensino médio, embora, na época, a educação só fosse obrigatória até os 12 anos.

A arte cinematográfica também exerceu uma segunda função messiânica. "O cinema entrou na minha vida, no coração de uma vida triste e angustiada, como algo que logo soube seria a minha tábua de salvação" (p. 12). No seu povoado natal, havia três salas de cinema. Cada domingo à tarde, ele assistia a um filme. Foi naquelas tardes que o cinema se constituiu definitivamente na sua opção de vida, permitindo-lhe rejeitar a proposta de vida de seu pai, centrada na caça, na pesca e na vida de campo.

Assim, na sua biografia encontramos a educação e o cinema como importantes *desvios* constitutivos, no sentido kafkiano da expressão: "Viver é desviar-se constantemente. Desviar-se de tal maneira que a confusão nos impede, inclusive, de saber do que nos estamos desviando" (KAFKA, 1979, p. 29). De fato, a proposta de Bergala também consiste em um tipo de desvio no que diz respeito à introdução dessa arte na escola. Inspirado na sua própria vida, o cineasta identifica esse desvio como a emergência de alguma forma de diferença na constante repetição das fórmulas gastadas da educação.

A experiência do cinema em escolas francesas: um encontro do cinema com a infância

> Eu chegaria quase a dizer que o cinema me salvou a vida. Daí eu não poder falar dele intelectualmente. Cheguei a usar

---

Cahiers du cinéma, 1999; *L'Hypothèse cinéma (Petit traité de transmission du cinéma à l'école et ailleurs)*, Ed. Cahiers du cinéma, 2002; *Abbas Kiarostami*, coleção Les petits cahiers, Cahiers du cinéma, 2004; *Le cinéma comment ça va (Lettre à Fassbinder suivie de onze autres)*, coleção Petite bibliothèque des Cahiers du cinéma, 2005; *Monika de Ingmar Bergman (Du rapport créateur créature au cinéma)*. Ed. Yellow Now, 2005; *Godard au travail, les années 60*, Ed. Cahiers du cinéma, dez. 2006; *Mais où je suis?* Coleção Atelier cinéma, Actes sud Junior et La Cinémathèque française, sept 2007; *Luis Buñuel*, coleção Grands cinéastes, Le Monde et Cahiers du cinéma, jan. 2008.

a palavra "droga" antes de ela entrar na moda... Se me lancei no cinema, provavelmente, é porque na infância, isto é, durante os anos da Ocupação, minha vida não me satisfazia. 1942 é uma data importante para mim: foi quando completei dez anos e comecei a assistir a muitos filmes. Dos dez aos dezenove anos, mergulhei de corpo e alma nos filmes. E não consigo analisar isso de maneira distanciada.

FRANÇOISE TRUFFAUT, 1990, p. 19

Como para François Truffaut, a infância permeia, os textos, a vida e obra de Bergala. Há uma confiança *a priori* no sucesso desse encontro, em particular, no cenário escolar. Em junho de 2000, Jack Lang, Ministro da Educação da França, organizou um grupo de consultores para colocar em marcha um projeto de educação artística e ação cultural na educação nacional, chamado *Mission*. O projeto teve o propósito de desenvolver a política definida no "Plano de cinco anos" para o desenvolvimento das artes e da cultura na escola. Embora o projeto tenha ficado inacabado, ele deixou fortes pegadas, devido ao aspecto revolucionário do formato da proposta.

Quando Alain Bergala assumiu a consultoria para o Ministério, ele já desenvolvia práticas e reflexões sobre o cinema em três instâncias: na universidade, onde há muitos anos analisava filmes com foco no ato de criação; na *École et cinéma*, em que tinha lançado alguns cadernos pedagógicos sobre seus filmes preferidos; e na Cinemateca Francesa, onde participava, desde 1995, do projeto Cinema: Cem Anos de Juventude, que poderia se definir como uma experiência de laboratório de vanguarda pedagógica.

Vale esclarecer que, na França, o ensino se divide em quatro grandes níveis: *école maternelle* (entre os 2 e os 6 anos); *école élémentaire* (entre os 6 e os 11 anos); *collège* (entre os 11 e os 15 anos); *lycée* (entre os 15 e os 18 anos). Hoje, existe um programa para assistir a filmes em salas comerciais e em sala de aula com coleções selecionadas de DVDs para todos os níveis de ensino. A proposta de Bergala permitiu que o cinema entrasse nas escolas públicas da França com uma marca diferenciada: pela primeira vez, ele assumiu nada menos que o lugar da arte.

Ser privado de assistir a filmes de qualidade durante a infância significa perder uma possibilidade que não terá como acontecer com a mesma intensidade mais tarde. É como se as impressões produzidas nos primeiros anos pelo cinema deixassem uma marca inesquecível na memória afetiva pessoal. Os filmes achados tarde demais "permanecerão parcialmente não revelados" (BERGALA, 2006, p. 62). Implicitamente, o cineasta também nos convoca para acordar a criança no adulto espectador, professor, artista. O proposto encontro do cinema com a infância no contexto escolar traz, embutida, uma tensão, ou apresenta um paradoxo, que legitima sua força. Por um lado, a escola se apresenta como o lugar tradicional do ensino, da regra e da transmissão padronizada da cultura, o que dificulta encarar o cinema como arte. Por outro, contudo, a escola aparece como lugar privilegiado de acesso coletivo ao cinema que foge, minimamente, do consumo hegemônico.

A distinção entre educação artística e ensino artístico levou Bergala a pensar uma pedagogia do cinema que não sacrificasse o objeto *cinema*. Trata-se de uma empreitada de conflito e coragem, que pretende preservar a força perturbadora da criação, em um contexto historicamente normalizador. A dificuldade intrínseca de ensinar cinema na escola, em particular, no espírito do projeto *Mission*, remete a resposta de Orson Welles a Peter Bogdanovich (1992), quando interrogado sobre a possibilidade de transmissão. Para Welles, ensinar uma arte não é fácil. Ele afirma ser possível colocar todos os poemas de Shakespeare na cabeça de uma jovem, sem que isso faça dela uma poetisa. Para chegar à experiência poética, é necessário muito talento do professor. Embora seja cético quanto à viabilidade de se ensinar a apreciar o cinema, Welles frisa que há uma chance que reside na capacidade do professor de "comunicar entusiasmo" e deixando o aluno fazer suas próprias experiências.

A (im)possibilidade do cinema na escola

> Amo o cinema desde 1902. Tinha oito anos e estava internado numa espécie de prisão de luxo, ornamentada com o nome de colégio. Numa manhã de domingo, vimos chegar ao locutório um homem do tipo "fotógrafo", que carregava um estranho equipamento. Era um cinematógrafo. Ele usava uma gravata larga e tinha uma barba pontuda. Ficamos observando-o durante mais de uma hora [...]. Mas as crianças, como os selvagens, habituam-se depressa ao cinema e depois de alguns instantes eu já podia compreender tudo.
>
> Jean Renoir, 1990, p. 42-43

O que um cineasta como Jean Renoir, nascido no mesmo ano que o cinema(tógrafo), percebeu na sua própria experiência de cinema na escola? Qual é essa identidade selvagem das crianças com o cinema? Pergunto-me, combinando de outra forma as suas palavras. Que escola é essa, definida como "prisão de luxo" por Renoir, e qual a semelhança dos códigos da infância com o cinema para simplificar seu encontro?

A escola, mesmo sem ser uma prisão, é o lugar da regra, da ordem, da transmissão de determinados saberes considerados essenciais para a formação das crianças e dos adolescentes. O cinema entra na escola como um gérmen de caos e desordem. Já temos um belo contraste. Uma tensão. Para Bergala (2006, p. 46), o melhor que a escola pode fazer pelo cinema é falar dos filmes como "obras de arte e de cultura". Esse desafio pressupõe superar a tradição do cinema como linguagem, predominante no contexto escolar. Essa predominância "linguageira" do cinema das décadas precedentes se justifica por razões históricas (coincidência do momento hegemônico das ciências da linguagem com o auge da ideia do cinema na escola) e ideológicas (formar o espírito crítico das crianças a partir de circuitos de análise do cinema, para abordar criticamente a mídia em geral). Nem a linguística, nem a ideologia defensiva, contudo, contribuem para uma aproximação sensível do cinema como arte.

Bergala pretende deslocar o foco da leitura analítica e crítica dos filmes para uma leitura "criativa", que coloque o espectador no lugar do autor; que o leve a acompanhar, na sua imaginação, as emoções de todo o processo criativo, suas escolhas e incertezas. Nesse "faz de conta", o espectador pode compartilhar mais aspectos não racionais, mais intuitivos e sensíveis da vivência do artista, que são fundamentais para quem pretende aprender uma arte.

Outro grande desafio para o cineasta e professor francês seria a superação da ilusão pedagógica de acreditar em um processo interpretativo estruturado em três etapas: (1) análise de um plano ou sequência; (2) valorização do filme a partir da sequência; (3) formação do juízo fundado na análise (p. 44). Isso não procede. A esse formato clássico, adotado inclusive em universidades, Bergala contrapõe uma proposta que busca fomentar maior autonomia de quem aprende, substituindo a "explicação" pela "exposição" a muitos e diversos (bons) filmes, evidenciando sua afinidade com a obra de Rancière. Procura fomentar, assim, a construção progressiva de uma certa cultura cinematográfica. Para que isso aconteça, é fundamental o papel desenvolvido pelo mediador, que auxiliará a articular, fazer pontes, a comparar filmes, trechos e texturas, aguçando a observação das sutilezas. Apostando nessa capacidade de autonomia do espectador, ele considera esta uma estratégia sólida e não paternalista de formação do gosto.

Mas e o que são "bons" filmes? Afirmar a existência de bons filmes significa listar também os "filmes ruins"? Podemos formar o gosto? Entendo que a proposta de Bergala pretende marcar um estilo. Todo estilo traz, etimologicamente, o "corte" até definir aquilo que se quer. Sempre fiquei curiosa com essa expressão, e tive a oportunidade de encontrar uma resposta mais específica ao fazer o *Abecedário de cinema* e sugerir entre outros este verbete, que foi um dos que ele escolheu para responder a letra B:

> Bons filmes: quando eu era crítico no *Cahiers du inéma*, evidentemente, nós não parávamos de nos perguntar: o que é um bom filme?; existem filmes sobre os quais se pode afirmar, com certeza, que são bons filmes? Eu penso que sim. Eu acho que há filmes medianos, medíocres, simpáticos, etc. Mas os bons filmes, enfim, que são cinema de verdade, uma categoria que existe e que pode ser abordada, deste modo, com prudência. [...] Isto depende do filme se contentar somente em contar uma história ao espectador, porque isto é fácil, e para isso o cinema não é necessário, pode-se escrever uma história. Um bom filme é quando há, ao mesmo tempo, uma história com personagens que existem e um mundo também. Isto quer dizer que o mundo existe, não há apenas a narração, apenas a história do filme. Um bom filme é aquele em que os personagens existem verdadeiramente, não apenas como suporte da narração e em que o mundo em torno deles existe também. Já se pode dar esta primeira definição. Um bom filme é, sobretudo, aquele que tem uma boa relação com seu espectador. Há filmes que têm uma relação muito desagradável com seus espectadores. São filmes, por exemplo, que nos obrigam a pensar ou a sentir uma determinada coisa. Um bom filme é aquele em que o espectador é livre, relativamente livre. Há a história que ele nos conta e, ao mesmo tempo, pode-se olhar para outras coisas, refletir. É um filme que deixa o espectador um pouco livre para percorrer o filme do jeito dele e olhar não apenas o que o cineasta lhe diz para olhar. Então, um bom filme é um filme que não faz uma pressão muito forte sobre o espectador, que não tenta obrigá-lo a sentir, no mesmo momento, as mesmas coisas. [...] Um bom filme é também, evidentemente, um filme em que se sente que, atrás do filme, há alguém. Sente-se que a história que nos é contada é um homem e uma mulher que nos contam, com a sua personalidade, com o que eles são. Um bom filme não é um filme que apenas conta uma história. É alguém que tem um universo, alguma coisa dele e, no filme, encontramos sua maneira de ver mundo e de pensar a vida, etc. Bom, são muitos os critérios, mas se pode dizer que o bom filme existe (BERGALA, 2012).

Nesse sentido, é fundamental a formação do gosto do professor, seus hábitos de leitura, investir na sua cultura e gosto pelas artes. Para que ele possa indicar "bons filmes", deve primeiro conhecê-los. Bergala aspira a que todo professor torne-se um bom "passador", referindo-se ao conceito proposto pelo crítico de cinema Serge Daney.[13]

---

[13] Em uma entrevista realizada por Pedro Mexia, para o Ministério da Cultura, publicada no *Caderno de Artes* em *Diário de Notícias* no dia 16/3/2005, Daney cunhou o célebre conceito

Faço questão de observar aqui – já que falo de Daney, que "inventou" o termo nessa acepção de agente de transmissão – que a bela palavra "passador" [em francês, *passeur*] tem sido utilizada de modo indiscriminado e pouco adequado. O *passeur* é alguém que dá muito de si, que acompanha, e em um barco ou na montanha, aqueles que ele deve conduzir e "fazer passar", correndo os mesmos riscos que as pessoas pelas quais se torna provisoriamente responsável (BERGALA, 2006, p. 65-66).

Impregnada de poesia, essa definição nos mostra um caminho para formar o gosto, "correndo o risco" de transmitir o próprio gosto, que é justamente a única possibilidade do "entusiasmo comunicativo" a que se referia Orson Welles. Oferecer grupos de filmes (diversificados no que concerne a gêneros e épocas), selecionados por alguém com certa experiência e cultura cinematográficas constitui uma possibilidade de introduzir esses filmes na biografia pessoal dos estudantes na escola. Sabemos que esse encontro com o cinema é sempre pessoal, íntimo, mas a possibilidade de oferecê-lo coletivamente no contexto escolar amplia e diversifica as formas que ele pode ter. Assistir a filmes em salas de cinema se constitui em uma experiência coletiva muda, afirma Bergala (2006). A mágica reside no fato de ser uma experiência radicalmente individual e, ao mesmo tempo, coletiva.

Existem muitas ONGs, instituições públicas e privadas, e festivais que organizam atividades interessantes nessa articulação entre escola e cinema não comercial. Muitas dessas experiências favorecem o diálogo com os próprios cineastas, atores e roteiristas, "virando o cinema pelo avesso", ao revelar procedimentos e processos de criação. Entrar em diálogo com essas salas e instituições é uma chance de esfumar os muros da escola, estreitando laços com a comunidade artística local e diversificando gostos, em uma verdadeira aposta na alteridade.

A hipótese: um encontro com a alteridade

> [...] existe a regra, /sim/existe a exceção/sim/ a regra é a cultura/ não / existe a cultura / que é a regra,/que forma parte da regra/ existe a exceção/que pertence à arte/que forma parte da arte. /Todos falam da regra/computadores,/t-shirts/ televisão/turismo /guerra / [...] / ninguém fala da exceção /isso não se diz/Isso se escreve/ Flaubert, não/Pushkin/Flaubert/Dostoiévski /isso se

---

de "cine-filho" *(cine-fils)*: alguém que é literalmente filho do cinema, porque no cinema projeta (e vê projetado) o seu filme pessoal, a sua aprendizagem, o seu espelho, o seu gosto, a sua melancolia. Nela, cita a magnífica frase de Jean Louis Schefer sobre as imagens que "viram a nossa infância" e confirma que os filmes são indissociáveis da nossa biografia.

> *compõe Gershwin, Mozart, /isso se pinta /Cézanne, Vermeer / isso se filma /Antonioni, Vigo/não/ ou isso se vive/ou isso se vive /e então é a arte de viver / Srebrenica / Mostar / Sarajevo / sim, e /é a regra / querer a morte/ da exceção/ e é a regra / querer a morte /da exceção / não / isso é / não /é regra pois / da Europa / da cultura /a regra da Europa /da cultura / organiza a morte / da arte de viver / que ainda / floresça sob nossos pés. /*
>
> JEAN LUC GODARD, 2009

Será, então, possível, ensinar a escrever, a compor, a pintar, a filmar? Como abrir um espaço para a exceção no lugar historicamente privilegiado para a transmissão das regras, da história, da verdade, do contínuo, do *status quo*? Será esta uma nova possibilidade de pensar também a própria escola como lugar da criação, do surgimento do novo, do desvio para novos começos?

Para Bergala (2006), a força e a novidade da *hipótese-cinema* identificam que toda forma de fechamento na lógica disciplinar reduz o alcance simbólico da arte e a sua potência de revelação. É necessário criar as condições para que seja possível ensinar sem formatar, sem simplificar, nem reduzir a tensão que "fazer arte" produz na escola. Nas suas palavras: "Para que uma arte possa ser considerada como tal deve seguir sendo um gérmen de anarquia, escândalo e desordem" (p. 29).

O projeto do ministro Jack Lang, de quem Bergala foi conselheiro (2000-2005), consistiu em fazer entrar as artes na escola como algo radicalmente "outro", rotundamente diferente do que se estava fazendo. Tratou-se de um desafio político que também dependeu da qualidade do capital cultural dos professores em exercício. Distinguir a educação artística do ensino das artes contém uma ameaça, já que alguns professores podem sentir-se desestabilizados. Como desconcertar sem desestabilizar? Como desordenar sem destruir? Como alterar sem colocar em risco o que já existe? Como introduzir exceções no paraíso das regras, do previsto e estabelecido? Parece não ser possível, propriamente, ensinar artes, mas é possível arriscar fazê-las. A arte se encontra, se experimenta, se transmite, ou melhor, se "passa" – no sentido de Serge Daney (BERGALA, 2006) –, por vias diversas. Poderíamos afirmar que esse "passar" é uma forma de experiência.

> Experiência. Se quisermos iniciar crianças no cinema. Não se deve partir do saber. Não se deve partir da cultura. Não se deve partir da história do filme. É muito importante partir, primeiramente, da experiência direta da travessia do filme. Isto é, na experiência, existe saber. O fato de uma criança ver o filme, sobre o qual, por exemplo,

> ela não sabe nada. Nós não a preparamos para ver esse filme. Então, ela entra no filme, atravessa o filme, e quando ela sai desse filme, ela tem uma inteligência do filme. Ela tem a maneira pela qual ela compreendeu o filme. A maneira pela qual ela se emocionou. A maneira pela qual ela foi tocada pelo filme. As imagens que ela reteve, por exemplo. Isto é, quando ela vê um filme de uma hora e meia, o que fica. Quais imagens a tocaram pessoalmente. Isto é, é sempre a partir daí que é preciso partir. Se quisermos iniciar jovens ou crianças no cinema, é preciso sempre partir das suas experiências. A experiência da travessia do filme. Não se deve partir de ideias. Não se deve partir de conceitos. Chegaremos às ideias e aos conceitos depois. Isto é, primeiramente, eles dizem. Cada um pode dizer, por exemplo, como ele viveu a travessia do filme. Em seguida, a partir disso, podemos perguntar aos alunos como foi para eles a travessia do filme. E a partir daí, podemos fazer pontes, analisar. E pouco a pouco, chegar às ideias. Mas não se deve nunca partir das ideias. É preciso sempre partir de suas experiências (BERGALA, 2012).

Para que efetivamente se dê essa experiência, é necessário, em primeiro lugar, o desejo de quem aprende, sua observação atenta, curiosa, interessada. É preciso, também, a continuidade na exposição à arte, contaminada pela paixão de quem o conduz. Outro vetor fundamental é o silêncio, o não dito, em toda transmissão. Um bom filme, mesmo que não seja completamente inteligível para uma criança, pode produzir um intenso prazer, uma dúvida, uma intuição e um forte desejo de ver e rever. Rever é tão ou mais importante que ver, tanto os filmes do cinema, quanto os próprios exercícios. Depois de filmar inúmeros filmes, em 1983, Ingmar Bergman (2010) conta que decidiu pôr de lado a câmera e rever toda sua obra, difícil tarefa que dilaceraria seu coração, mas necessária para continuar. O caminho do gosto, como dizíamos anteriormente, não se faz sem riscos e existe uma parcela de mistério, de algo não revelado que permeia o processo de constituição do gosto na transmissão de uma determinada arte.

Importante destacar, ainda, que a proposta de iniciar as crianças em um tipo de cinema não comercial não tem qualquer relação com arrastá-las do lugar comum para outro lugar. Uma proposta de formação do gosto parte exclusivamente do encontro com a alteridade fundamental da obra de arte, com o desconforto e o choque que ela provoca.

> Os mais belos filmes para mostrar às crianças não são aqueles em que o cineasta tenta protegê-las do mundo, mas, frequentemente, aqueles em que outra criança tem o papel de mediador ou de intermediário nessa exposição ao mundo, ao mal que dele faz parte, ao incompreensível (BERGALA, 2006, p. 97).

A alteridade como questão principal guarda relação com a leitura criativa dos filmes, com a passagem ao ato de produção. Pode existir uma pedagogia centrada na criação tanto para a recepção dos filmes, quanto para a prática do fazer cinema na escola. Idealmente, o cinema como arte pode levar o espectador a experimentar as emoções da própria criação. Não é casual que Alain Bergala seja considerado um dos críticos e mais profundos conhecedores da obra de Jean-Luc Godard. Na importância que Bergala outorga à cinemateca, ao ato de criar, à própria pedagogia do cinema, também encontramos pegadas do pensamento, da vida e da obra do cineasta suíço-francês.

Godard (2006) conta que, várias vezes, foi convidado para dar aulas de cinema, mas que a ideia de passar um filme e falar sobre ele, somente, o desagradava. Aliás, essa estratégia o choca. Godard afirma que os alunos não veem nada, senão o que lhes dizem que veem. Ele acredita na aprendizagem que se efetiva no ato de ver cinema, ao se apropriar dos tesouros das cinematecas. Ao mesmo tempo, no contexto do cinema mundial, poucos cineastas sentiram tanta falta do "fazer" na experiência do aprender cinema, como Godard. Em 1990, ele e Anne-Marie Miéville instalaram seu escritório no seio de La Fémis (École National Supérieure des Métiers de l'Image et du Son). O propósito era permitir que os alunos vissem o processo de criação do início ao fim: desde a entrega do dossiê no Centre National de La Cinématographie (CNC) até a estreia nos cinemas. Para Godard, sem ver o processo como um todo, o processo pedagógico perde força pela aparente ilustração da parte. Exemplifica com a medicina, que apresenta doentes em um dado momento, para aprender sobre as doenças, como se esse momento fosse suficientemente revelador entre todos os outros – quando se constitui a doença, sua evolução, as diferenças do seu estado antes e depois da medicação, os efeitos secundários, etc. –, que também seriam necessários ser vistos para acompanhar o processo no tempo.

Serge Daney, no seu livro *A rampa* (2007), faz uma leitura da pedagogia godardiana, que o aproxima simbolicamente ao espaço escolar. Depois de maio de 1968, a sociedade do espetáculo atingiu a geração que mais tinha investido na sua formação autodidata, nas cinematecas e nas salas de cinema, deslocando a bondade da sala de cinema para a "sala de aula":

> [...] uma coisa é certa: é preciso aprender a sair das salas de cinema [...] E para aprender, é preciso ir à escola. Não exatamente à escola da vida, mas ao cinema como escola. É assim que Godard e Gorim transformaram o cubo cenográfico em sala de aula; o diálogo do filme em recitação; a voz em *off* em aula magistral; a filmagem em trabalhos dirigidos; o tema dos filmes em matérias obrigatórias ("o revisionismo", "a ideologia", etc.); o cineasta em diretor da escola, em monitor, em bedel (p. 107-108).

Para Godard, a escola vira "o bom lugar"[14] e o cinema, "o lugar errado", fazendo uma dura crítica à cinefilia francesa da época, e elenca três motivos. O primeiro seria que a escola é o lugar por excelência onde é possível, permitido e até recomendado para confundir as palavras e as coisas, sem conferir necessariamente alguma possível relação entre elas, presente ou posterior. Sem problematizar profundamente essa afirmação, considero que ela reforça o imaginário da escola como o lugar do inquestionável, do estabelecido e do imutável. O segundo motivo consiste em conceber a escola como aquele lugar onde o mestre não precisa dizer de onde vem seu saber, nem suas certezas. Também Truffaut afirma algo semelhante: "Visto pelas crianças, o mundo dos adultos é o da impunidade, em que tudo é permitido" (1990, p. 36). O que interessa fundamentalmente é a [re]transmissão dos saberes. Encontramos aqui, novamente projetado, um modelo escolar reprodutivo que não reserva qualquer espaço para a descoberta e muito menos para a invenção. Em terceiro lugar, cada ano letivo traz com ele o simulacro da primeira vez, um novo começo. Um começar do zero, do não saber, do quadro-negro. Por fim, já que estávamos falando da escola como um "bom lugar", encontramos essa singela percepção do que acontece (quase sempre) como um novo começar, a cada ciclo letivo, a cada aula, a cada vez que se apaga o quadro-negro. Isto é, diante da onipotência de certa verdade impenetrável, solidificada na instituição escolar, aparentemente irreversível, abre-se uma fissura, diante do que pode nascer ou começar a qualquer momento. Basta que alguém decida iniciar essa alteração. Desta leitura das três características da escola encontramos 2 críticas e uma possibilidade de criação. Muitas outras leituras são seguramente possíveis.

A relação do professor com seus alunos e o cinema no contexto escolar

> *[...] Sobre a sedução comum, vão se erigindo figurações mais poderosas, onde a virtude da infância se assimila a uma discussão sobre o visível, onde a consabida fábula da mirada nua da criança sobre as aparências do mundo adulto se presta à confrontação de uma arte com seus próprios limites.*[15]
>
> JACQUES RANCIÈRE, 2005, p. 82

---

[14] Para não correr o risco de ficar com uma leviana simplificação da concepção godardiana de escola como "bom lugar", pelo fato de resumi-los, convido os leitores a fazer a leitura completa do capítulo *O therrorisado, pedagogia godardiana* (DANEY, 2007, p. 107-114).

[15] Tradução da própria autora.

A importância mais radical da introdução do cinema no contexto escolar consiste em salvaguardar um espaço e um tempo para o encontro: do cinema com a infância, da criança com o adulto, e do adulto com a criança que, escondida, ainda o habita. Para Bergala (2006), todo bom espectador de cinema reserva um pequeno lugar para a criança que tem vontade de crescer e, ao mesmo tempo, afasta-se um pouco do adulto que se tornou. Ele nos convida a ter sempre um primeiro encontro de "não hostilidade" ou de não resistência, com os filmes, permitindo-nos uma aproximação com um gesto infantil à obra. Só em um momento posterior, podemos aguçar outra leitura do filme, que é válida como releitura ou revisitação.

A relação do professor com seus alunos fomenta a necessidade de revisitar a própria infância. Professor, cineasta e artista, todos fomos crianças. Nesse sentido, no seu encontro com os alunos por meio do cinema, o docente se vê diante de uma ponte e de uma ruptura. A ponte nasce da necessidade de buscar a criança que habita nele para que experimente o prazer do cinema. A ruptura é geracional e guarda relação com a escolha dos objetos culturais preferidos pelas crianças ou pelos adolescentes. O adulto não pode, nem deve se imiscuir no prazer das suas escolhas.

Bergala reafirma em *A hipótese-cinema* (2006) que só se aprende aquilo que é mediado pelo desejo, mas é inviável aprender a desejar a ser afetado. "Pode se obrigar a alguém a aprender, mas não se pode obrigar a ser tocado" (p. 63). De algum modo, a escola não pode garantir o encontro íntimo e pessoal com as artes, mas pode garantir espaços e tempos para propiciá-lo. De fato, a escola tem uma importância crucial na promoção desse encontro, e em função de sua experiência no projeto francês, Bergala aponta quatro ações fundamentais que devem ocorrer em seu contexto (p. 64-70):

1. "Organizar a possibilidade do encontro como os filmes". Consciente da responsabilidade implicada nos primeiros encontros com o cinema, a escola deve implementar estratégias para colocar os alunos em contato com filmes que não os do circuito comercial. Criar um acervo de DVDs no contexto escolar e organizar visitas a cinematecas e salas de cinema alternativas são algumas possibilidades interessantes.

2. "Designar, iniciar, tornar-se um *passeur*". O educador precisa mudar seu estatuto simbólico, abandonando o seu papel docente, para retomar o contato com os seus alunos em outro lugar. Um lugar que é menos protegido, na medida em que expõe preferências pessoais, gostos e relações com obras de arte específicas. É preciso desconstruir o mito da neutralidade: "o 'eu' que poderia ser nefasto ao papel de professor torna-se praticamente indispensável a uma

boa iniciação". Isso distingue o que uma instituição espera de um docente que leciona determinada disciplina e o que ele pode fazer como "passador", iniciador, em um domínio da arte. O subjetivo ganha relevo e vitalidade na impregnação do gosto como forma de transmissão do cinema.

3. "Aprender a frequentar os filmes". Uma vez gerado o encontro, é de se esperar que a escola facilite o acesso individual e vivo a filmes. Também é necessário iniciar os alunos em uma leitura criativa, não apenas analítica e crítica. Trata-se de proporcionar condições para que eles revisitem passagens de filmes durante um longo processo, que não guarda parâmetros nem compete com os modos de funcionamento da diversão. A proposta de produzir espectadores criadores consiste em favorecer as condições para que as obras a que se assistem consigam ecoar e se revelar em cada um, segundo a sua sensibilidade. Para que o espectador se torne realmente criativo, ele terá que tornar-se um "revisitador" de filmes.

4. "Tecer laços entre os filmes". Na escola, podem ser criadas relações entre os filmes atuais e filmes mais antigos que, por sua vez, se entrelaçam com outras produções culturais, movimentos, escolas, épocas. É quase uma forma de combater uma cultura do *zapping* cada vez mais imposta, que nos apresenta mosaicos sem clarear as relações entre produções diversas.

Essas quatro funções podem tornar a escola responsável por uma discreta, embora profunda, revolução estética, política e cultural. Elas podem constituir o *restart* a que se refere Godard quando pensa a escola como "bom lugar", onde seja possível começar algo, de novo, sempre.

Da transmissão à impregnação

Nunca acreditei na teoria "de-Pokemon-a-Dreyer", segundo a qual seria preciso partir daquilo que as crianças gostam espontaneamente para levá-las pouco a pouco a filmes mais difíceis.

BERGALA, 2006, p. 96

O cinema exerce um papel fundamental na transmissão transgeracional e, nesse ponto, articula-se, intimamente, com a função do professor. Bergala chama a atenção para um fato irrefutável: quando a transmissão não se limita a uma função social, coloca em jogo algo mais do que conteúdos a serem transmitidos; algo que não é totalmente consciente, que se aproxima de sentimentos, imagens, pegadas. Esse algo é muito marcante e eficiente na transmissão do cinema.

A maioria dos professores que trabalha, habitualmente, com cinema parece contrariar a tese de Bergala, que discorda da possibilidade de estabelecer pontes entre o cinema comercial e o cinema de mais difícil acesso. Existem, de fato, vivências de alunos que passaram a gostar de outro tipo de cinema, graças a estratégias de algum professor que tecia ligações com filmes conhecidos pelos alunos.

Para Alain Bergala, iniciar pelo pseudogosto do *marketing* contém algo de demagogia e, sobretudo, de desprezo pelas crianças e pelas artes. A chave para compreender essa crítica de Bergala guarda relação com o que ele chama pedagogia da *articulação e combinação de fragmentos* (ACF) (BERGALA, 2006, p. 112). Na escola, não é necessário e, na maioria das vezes, nem sequer é possível assistir a filmes na íntegra. A falta de condições de tempos acordes com a duração dos filmes, com a concentração necessária visando eliminar os excessos de luz e garantir uma boa qualidade de som, faz com que, muitas vezes, as experiências de projeções de filmes na íntegra sejam pouco bem-sucedidas. Porém, sempre é possível mostrar diversos trechos de filmes, previamente selecionados, para propor um tema, apresentar um elemento da linguagem ou categoria específica, viajando por diferentes épocas da história e mostrando exemplos de filiação estética. Observar uma sequência de planos que pretenda mostrar alguma relação de filiação por diretor, por exemplo, "endereça o olhar" para o objetivo do que se quer dar a ver, como afirma Elizabeth Ellsworth (2001).

O trabalho com fragmentos (ACF), além de ser viável dada a relação espaço/tempo do trabalho escolar, permite contribuir para a transmissão do cinema de modo bem diversificado, oferecendo múltiplas opções de difícil escolha no circuito comercial e no espaço doméstico, introduzindo ao mesmo tempo petiscos da história e da linguagem de um modo não linear. O ACF trabalha, principalmente, com planos. O plano é considerado como "a menor célula viva, animada, dotada de temporalidade, de devir, de ritmo, gozando de uma autonomia relativa, constitutiva do grande corpo-cinema" (BERGALA, 2006, p. 123). Unidade mínima do filme, o plano consiste numa interface ideal entre uma aproximação analítica (pela multidão de parâmetros e elementos linguísticos de cinema que podem ser nele descobertos) e uma iniciação à criação (pela tomada de consciência de todas as escolhas que ele carrega). Mais recentemente, Bergala produziu dois DVDs sobre a *História do plano*, nos quais vários planos de várias páginas da história do cinema são comentados, mas de um modo bem particular. O plano começa sendo projetado e, depois, novamente, ele é como se fosse em um *software* de montagem, ouvindo um diálogo entre um diretor e um montador, comentando o plano enquanto o avançam, param, retrocedem, endereçando nosso olhar para os detalhes que provavelmente passariam imperceptíveis ao olho leigo. As vozes – em *off* – são de artistas cuja popularidade facilita a identificação e o afeto do público francês. Vale comentar aqui que, inspirado nesse material, Cezar Migliorin, um dos professores colaboradores na implementação da Licenciatura em Cinema na Universidade Federal Fluminense (UFF), desenvolveu, em janeiro/fevereiro de 2013, com 60 professores da rede pública de educação básica do Rio, um trabalho semelhante, realizado com 10 planos do cinema nacional, que em breve estará disponível na página da UFF.

Outra possibilidade interessante na escola é criar uma filmoteca onde as crianças possam ver e rever os filmes, cujos fragmentos sejam apresentados em sala de aula – a parte cria uma enorme curiosidade para descobrir o todo –, o que pode se fazer extensivamente, inclusive, às famílias dos estudantes. Eles se tornam agentes, portadores de uma nova paixão, que pode contaminar até os lares.

É comum ler críticas à introdução do cinema na escola, devido à perda da vivência em uma sala absolutamente escura, com poltronas confortáveis e o clima que a experiência de uma sala de projeção proporciona. Mas, quantas pessoas têm se apropriado do cinema espionando pela fresta da porta ou escondidas atrás de um sofá enquanto os pais assistiam a um filme? Que melhor imagem para exemplificar isto do que aquela do "pequeno Salvatore" espionando os filmes que Alfredo projetava para o padre em *Cinema Paradiso*? A comodidade não parece ser um elemento essencial frente ao poder de impregnação e abstração que a paixão pelo cinema gera. Assim, mostram-se ricas as iniciativas como École et Cinéma, Collège au Cinéma e Lycéens au Cinéma, na França, que oferecem uma seleção de filmes escolhidos por um grupo de especialistas, que elabora fichas pedagógicas, disponibilizando-as para cada nível de ensino. Novas iniciativas com as escolas do Rio nos fazem ser otimistas. Vamos observar o andamento.

Apostamos que, de uma serena exposição a filmes cujos ritmos, roteiros e fotografias sejam diferentes daqueles a que os estudantes estão habituados, pode surgir um movimento de verdadeiro endereçamento que começa com algumas reações de desagrado e desconforto para as quais devemos estar preparados e armados de muita paciência. Em minha experiência pessoal, tenho tido a oportunidade de ter vários encontros entre os alunos e o cinema como arte, graças à prática da pedagogia do fragmento. Mostrar às crianças conjuntos de trechos de filmes as instiga a fazer sua própria busca, pois ficam curiosas para ver o "antes" e o "depois" daqueles trechos. É sempre uma intriga sobre a produção do filme, seu roteiro, algo da vida do autor que cria uma curiosidade de aproximação posterior, por iniciativa própria. Cortar a projeção de um trecho no momento em que a narrativa exige continuação pode parecer uma maldade, porém o efeito é o contrário. Essa ação tem gerado uma reação de emancipação na busca por assistir a filmes completos, por parte dos alunos, mais do que qualquer outra.

Os gestos cinematográficos. Uma pedagogia da criação.

> O cinema sempre é jovem quando retornando ao gesto que o fundou, às suas origens, inventa um novo começo. Quando alguém segura uma câmera e se confronta ao real por um minuto, num quadro fixo, com total atenção a tudo que vai advir, prendendo a respiração diante daquilo que há de sagrado e de irremediável no fato de que uma câmera capte a fragilidade de um instante, com o sentimento grave de que esse minuto é único e jamais se repetirá no curso do tempo, o cinema renasce para ele como o primeiro dia em que uma câmera operou (BERGALA, 2006, p. 206).

A pedagogia do cinema é caracterizada pelo modo de aproximação ao objeto. Essa aproximação deverá priorizar sempre um modo criativo, dado que o cinema se trata de um objeto vivaz e indócil, segundo Bergala. Ele destaca a importância de evitar qualquer pedagogia que se estabeleça de maneira dogmática, aferrando-se rigidamente a um saber (muitas vezes, incompleto e reducionista) dos elementos da linguagem do cinema. Isto é, aprendendo algumas noções das fases de pré-produção, produção e pós-produção, parâmetros de realização de roteiros, ou de elementos como a luz, o som, a cor, etc., alguns professores transformam seu saber em um verdadeiro *vade mecum* da arte de fazer cinema, diminuindo, quando não negando, a experiência de iniciação em uma arte.

É necessário lembrar, aqui, o que Bergala (2006) considera como os gestos de criação cinematográfica, os quais são úteis para pensar todo tipo de criação. A criação cinematográfica põe em jogo três operações mentais fundamentais: a "escolha", a "disposição" e o "ataque" (p. 134), que podem estar presentes em qualquer fase do processo de produção: na filmagem, na montagem e na mixagem. "Escolher" é tomar decisões entre diversas possibilidades de seleção (atores, cenografias, cores, ritmos, planos, utilização dos sons, etc.).[16] "Dispor" os elementos significa colocá-los em relação uns com

---

[16] Por exemplo, em uma experiência na Escola de Cinema do Colégio de Aplicação da UFRJ, com o grupo de alunos de ensino fundamental em 2009, fizemos a escolha de filmar um pequeno documentário sobre a Lagoa Rodrigo de Freitas entre 16 temas possíveis sugeridos

os outros na filmagem, na montagem e na mixagem de sons com imagens. Como afirma a pedagogia godardiana da criação, é na montagem que podemos criar mais livremente, alterar a ordem dos planos que não precisam ser dispostos na sequência em que foram filmados. Finalmente, "atacar" refere-se a agir, atuar, determinar e posicionar o ângulo ou o ponto de ataque sobre as coisas escolhidas e dispostas para filmar e fazê-lo. Concretamente, isso tudo acontece em um único momento, na determinação de quando aperto o botão que inicia a filmagem, quando termino o plano, de como fazer os cortes de entrada e saída a partir da decupagem; e de como utilizar os sons na mixagem. No *Abecedário de cinema* (FRESQUET; NANCHERY, 2012), ele também escolheu este verbete para gravar:

> Escolha, disposição e ataque. Quando vemos como se faz um filme, com relação à duração, temos a impressão de que todas as fases são diferentes. Temos a impressão de que escrever um roteiro não é de modo algum igual a filmar, que não é a mesma coisa que montar ou mixar. Temos a impressão de que se recorre a gestos de criação totalmente diferentes. Minha hipótese é de que isto não é verdade. Minha hipótese é que, qualquer que seja o momento ou o ano de fabricação de um filme, passa-se por três gestos, que são os mesmos. Três gestos de pensamento que são os mesmos. No cinema, escolhe-se. Por exemplo, se fazemos uma cena em que duas pessoas estão na mesa de um café, nós vamos escolher a cor da mesa, se há um buquê de flores, se é em um restaurante. O cineasta escolhe se ele quer rosas ou se ele quer flores brancas ou vermelhas. O primeiro gesto é escolher coisas, objetos, cores. O cineasta decide, por exemplo, se a atriz, neste dia, vestirá um vestido ou uma saia, uma roupa azul ou vermelha. Então, essa é a questão da escolha. Em seguida, o segundo gesto é o de dispor. Dispor quer dizer... vou voltar ao exemplo das duas pessoas que conversam em uma mesa de um café. Como o cineasta escolhe colocá-las na cena? Ele vai colocá-las, por exemplo, assim [faz um gesto com suas mãos formando um ângulo de uns 75°], e eles se

---

pelos próprios alunos. As escolhas acontecem antes de filmar, durante a filmagem e na hora de montar e mixar sons. Nos *sets* de filmagens, "não escolhemos" aquele dia de chuva – o fator meteorológico é sempre um problema que pode significar uma possibilidade. Porém, decidimos filmar desde bicicletas duplas com teto de lona, uma boa parte do perímetro da lagoa, com o efeito da chuva em movimento. Escolhemos fazer planos de diferentes pontos de vista e de um minuto de duração, entre outras tantas escolhas. Na montagem, escolhemos quais planos ficariam no filme; escolhemos, também, algumas das entrevistas realizadas para incluir e as músicas que acompanhariam o percurso feito no carro ao redor e no passeio por dentro da lagoa, pedalando nos cisnes. Finalmente, precisamos capturar alguns sons da chuva caindo na lagoa bem perto da água, em outro dia, para mixar, já que nenhuma filmagem tinha captado o som específico das gotas de chuva caindo na lagoa.

olharão deste modo? Ele vai colocá-las frente a frente? E se eles estão frente a frente, ele colocará a mulher aqui [com a mão apontando para o lado esquerdo] e o homem aqui [apontando para o lado direito], ou o contrário, a mulher aqui [direita] e o homem aqui [esquerda]? Então, isto quer dizer que há um trabalho no espaço, de como se dispõem os elementos, os personagens ou os atores. E o terceiro gesto é o ataque. O cineasta colocou então a mulher aqui [esquerda] e o homem aqui [direita], ele [o diretor] se coloca atrás da mulher e tem o homem à frente? Ou ele se coloca atrás da mulher e ele modifica? Ou ele se coloca de frente para os dois e ele tem os dois ao mesmo tempo deste modo [formando um triângulo entre os três]? Logo, o gesto do ataque é múltiplo. Atacar é, em primeiro lugar, escolher o eixo. O eixo em que eu ponho a câmera. A distância: eu me coloco perto ou longe de um personagem ou dos dois? E então, de fato, o gestos de disposição e de ataque, eles não estão separados no tempo. Isto quer dizer que o cineasta chega ao café e diz: Vamos filmar nesta mesa. Mas aqui onde ela está não me agrada, nós vamos mudá-la de lugar. Então, ele muda a mesa de lugar. Depois ele diz: Você fica aqui, você fica ali. E depois, ele tenta. Ele procura um ataque e com este ataque, ele se dá conta de que é preciso mudar a disposição. Isto quer dizer que os gestos de atacar e de dispor ocorrem ao mesmo tempo, isto é, o cineasta passa sem parar, no arranjo espacial, de um gesto a outro. Não se faz, primeiramente, a disposição e depois o ataque. Faz-se a disposição, tenta-se um ataque, muda-se novamente a disposição, muda-se novamente o ataque, e uma hora, funciona. Uma hora se diz que está bom, que é assim como eu quero, que funciona. Então, esses três gestos, se refletirmos bem, podem ser encontrados na montagem. Na montagem, também, é preciso escolher as tomadas. Se foram feitas seis tomadas, diz-se: é a terceira que eu quero. Depois, escolhem-se outros planos, outras tomadas, e aí, começa-se a dizer: vamos colocar isto primeiramente, em seguida, aquilo. Isto é a disposição. Então, na montagem, começa-se dispondo, escolhendo os planos, colocando-os em uma determinada ordem e, depois, é o ataque, isto é, quando um plano, por exemplo, é lento. Começa-se no movimento? Começa-se antes que o leitor fale? Começa-se enquanto ele está falando? Isto quer dizer que encontramos os mesmos gestos do ataque. A mesma coisa na mixagem e a mesma coisa até no roteiro. De certo modo, porque quando se escrevem as cenas, elas são escritas por inteiro. E, depois, dizemos: ah, é demais. Vai ser chato. Eu vou cortar o início do diálogo. Eu vou pegar apenas... Eu vou entrar na situação de maneira mais direta. Logo, minha hipótese, enfim, minha teoria é que concretamente parece ser muito diferente. Mas na realidade, no cérebro, é a mesma coisa que funciona. São as mesmas atitudes, que fazem, a cada momento, a fabricação do filme.

Essa mobilidade dos gestos significa para mim uma espécie de garantia para poder mudar o previsto a qualquer momento, como se fosse uma margem pela qual é sempre possível criar algo, inovar. Nelson Pereira dos Santos, grande cineasta brasileiro, diz: "meu trabalho [...] é fundamentalmente caótico. Até mesmo na hora da mixagem do som, e ainda estou encontrando uma abertura, reformulando alguma coisa [...]" (*in* PAPA, 2005, p. 31), ratificando a importância dessa liberdade ao longo do processo de criação cinematográfica.

Esses gestos do cinema são também gestos do professor. Sua tarefa, quando encarada criativamente, também supõe uma série de escolhas (que conteúdos, que espaço, quanto tempo, entre outras), como dispor essas escolhas (em que ordem introduzir os conteúdos, organizar trabalhos grupais, etc.) e o ataque inseparável dos anteriores no sentido de combinar as decisões para a efetiva realização da experiência de aprendizagem.

Se já é importante que o "passador" tenha experiência artística, mesmo que inicial, é mais desejável ainda que sinta uma ativa "fome" de cinema, para que possa promover a integração efetiva do cinema na escola. Uso a palavra "fome", que tem a ver com desejo, mas com o que é vital em uma necessidade. Essa experiência é necessária para garantir a passagem ao ato de criação dos alunos. É necessário salientar, ainda, que seria ótimo que essa criação não fosse pautada pelo cronograma dos anos letivos, suas festas de fim de ano, etc.

Existem, porém, várias dificuldades do fazer cinematográfico no contexto escolar. Há restrições de locação, necessidade de autorizações para sair da escola, a questão da segurança dos equipamentos e, mesmo, das pessoas envolvidas, sem contar com as próprias restrições de recursos, *softwares*, iluminação para filmagem em estúdio, etc. Todas elas podem ser sorteadas quando o que se propõe não é um grande tema, e sim estudar um pequeno tema, significativo da vivência pessoal dos alunos, na qual eles tenham acesso ao que desejam filmar, pela própria proximidade. "Um filme de crianças pode ser elaborado sobre *pequenos fatos*, pois, na verdade, nada é *pequeno* quando se refere à infância", afirma Truffaut (2006, p. 36).

Em relação ao produto mais indicado para ser realizado no espaço escolar, Bergala (2006) sugere que os curtas mostram-se mais viáveis, embora não sejam a única opção. Em *A hipótese-cinema*, encontramos interessantes sugestões de realizar "partes" de um filme virtual maior, em vez de produtos acabados. Pode-se fazer, pensar e sentir o cinema por si mesmo, sabendo que se trata de um fragmento de um projeto mais longo, e socializar um resumo do roteiro geral para o público, no dia de sua apresentação, por exemplo.

É preciso lembrar aqui que um trabalho interessante que podemos desenvolver na escola não é necessariamente a encenação de uma historinha, e sim a invenção de exercícios que partem do espaço real, conhecido por todos, para produzir planos que levem à criação de algo novo, antes inexistente. A partir de regras e de alguns princípios específicos, é possível reconstituir o espaço para o espectador, na medida em que os alunos se posicionam em relação à tensão entre o fragmento e a totalidade para tornar uma cena compreensível. Bergala (2008) sugere, por exemplo, que se façam e se editem três planos em um dado espaço, para que, na montagem, como em um jogo de criação, possamos inventar um espaço novo. Se filmamos, por exemplo, diversos planos da escola com alguém percorrendo esse espaço: um estudante entrando na escola; outro plano com este estudante saindo da escola; outro, entrando numa sala de aula; outro, andando pelo corredor da escola; outro, subindo por uma escada; outro, descendo; depois podemos propor aos alunos montar esses planos em ordens diferentes, que podem nos fazer imaginar o espaço de um modo que não corresponda ao espaço real. Por exemplo, se montamos um primeiro plano com o estudante que vem descendo a escada e se encaminha a uma porta, mas logo escolhemos o plano do estudante que vai andando pelo corredor e finalmente o plano no qual ele abre a porta da saída da escola, podemos fazer o espectador acreditar que, entre a escada e a saída da escola, temos um longo corredor, quando, em verdade, a distribuição do espaço escolar é outra.

Nesse contexto, a prática do *storyboard* – "série de imagens-chave esboçadas para sugerir como uma série de tomadas", segundo define Rabiguer (2007, p. 410) – pode se tornar pedagogicamente nefasta, quando busca suprimir o medo e a incerteza. Ao garantir um guia, uma sequência que leva a um porto seguro, o *storyboard* pode "confiscar a experiência", impedindo a experimentação. "É melhor ensinar, inicialmente, a apreender globalmente a cena, o espaço, suas limitações, os eixos principais, as escolhas de conjuntos para depois passar à decupagem, plano a plano" (BERGALA, 2006, p. 190). Na pedagogia da criação, um *storyboard* não tem mais sentido senão ser considerado como uma pré-formalização entre outras possibilidades.

A pedagogia da criação pressupõe, ainda, que haja um momento para "pré-ver" (p. 193) o filme, no qual se constroem as decisões finais. Esse momento deve propiciar um encontro com tudo o que concerne às características sensíveis do filme. No contexto escolar, o roteiro pode se transformar em uma camisa de força, que limita a percepção de elementos como luz, materiais, ritmos nos deslocamentos dos atores, som, etc. Bergala nos alerta, também, para a armadilha escolar de privilegiar sempre a dimensão linguística das produções, em detrimento da dimensão sensível, necessária e insubstituível, que condiciona o olhar, tanto do mundo real, quanto do mundo visionado dos filmes. Assistir a um filme, ao longo de sua realização, permite atentar para esses elementos estéticos frequentemente negligenciados.

Cabe ressaltar, por fim, que os aspectos individuais e coletivos estão colocados em jogo de uma forma única na prática de fazer cinema na escola, na medida em que diferenças individuais podem ser ressituadas. Embora o fazer seja coletivo, a criação é sempre individual, afirma Bergala no seu verbete "coletivo". Um bom aluno em matemática pode achar um terrível dilema colocar a câmera no tripé. Um mau aluno em geografia pode ter uma sensibilidade afinada para captar e enquadrar determinado sentimento em um plano. O cinema não requer conhecimentos prévios, pelo menos nos moldes do que a escola tradicional entende por "conhecimentos prévios". Nesse sentido, fazer cinema na escola é uma experiência rica para reduzir assimetrias entre professores e estudantes, e entre eles próprios. A descoberta de novos interesses e capacidades pode contribuir para a uma reconfiguração da autoestima de alguns estudantes, o modo como eles são vistos pelos professores e colegas e, inclusive, pelas próprias famílias. Desconstruir "papéis favoritos" que respondam às características de personalidade já conhecidas pelo grupo pode significar perder a chance de um estudante tímido se revelar um grande ator ou diretor, por exemplo, assim como um líder nato, de ter que assumir para si o lugar do silêncio e da espera obrigada na vez do outro. Essa experiência pedagógica ensina para além dos conteúdos e dos muros da escola. Para isso, é interessante fomentar a rotatividade dos alunos pelas diferentes funções nas fases de produção, pré e pós-produção. Em outras palavras, a criação cinematográfica no contexto escolar teria seu potencial pedagógico comprometido se o líder da turma se tornasse sempre o diretor, a aluna considerada mais linda atuasse como protagonista, e os tímidos evitassem toda exposição. O deslocamento dos sujeitos é algo central na proposta de Bergala, perpassando o desafio individual e coletivo no fazer cinema.

Algumas ideias, resumindo o diálogo

Existe uma forma de "olhar" para o cinema, de "fazer cinema" e, em particular, de "fazer cinema na escola com crianças e jovens", que é, verdadeiramente, comovente na vida e na obra de Alain Bergala. O trecho abaixo simboliza a força de sua perspectiva:

> Quando nos situamos no que há de originário no ato cinematográfico, somos sempre o primeiro cineasta, de Louis Lumière a um jovem dos dias de hoje. Rodar um plano é colocar-se no coração do ato cinematográfico, descobrir que toda potência do cinema está no

ato bruto de captar um minuto do mundo; é compreender, sobretudo, que o mundo sempre nos surpreende, jamais corresponde completamente ao que esperamos ou prevemos, que ele tem frequentemente mais imaginação do que aquele que filma, e que o cinema é sempre mais forte que os cineastas. Quando acompanhado por um adulto que respeita a emoção de criança, o ato aparentemente minúsculo de rodar um plano envolve não a maravilhosa humildade que foi a dos irmãos Lumière, mas também a sacralidade que uma criança ou adolescente empresta a uma "primeira vez" levada a sério, tomada como uma experiência inaugural decisiva (BERGALA, 2006, p. 206).

Tenho citado o trecho acima mil vezes em projetos, relatórios, artigos, palestras. Ele sempre me parece novo, interminável. Sua poesia ratifica o lugar da hipótese-cinema que espera ser verificada por cada ensinante e aprendente como se fosse sempre uma primeira vez. Ele é só devir, afeto e criação. Lembra a imagem do *balão vermelho*, no filme *Le balon rouge* (Dir. Albert Lamorisse, França, 1956), que incomoda e ilumina, com seu vermelho, o cinza do filme, provocando cada espaço, cada instituição, ao entrar na escola, na igreja ou no bonde, com sua outra cor, seu outro formato, com seu exercício final de tornar múltiplo o que era único.[17]

O cinema provoca o devir da escola, prevê uma "outra escola", renovando-se pelo exercício que só a alteridade permite. Eu diria que o cinema inclina a escola para frente, mas também para trás, para os lados, ele a deixa de "pernas para o ar" mais de uma vez; basicamente, ele a desestabiliza. Pelo seu jeito de estrangeiro irreverente, pode construir a diferença e transformar equações pré-estabelecidas entre espaço e tempo. A proposta de Bergala alberga uma potência transformadora que, uma vez ativa, pode vir a se multiplicar, ganhando espaços de criação e projetos de apropriação do cinema em escolas e em outras instituições em um verdadeiro processo de revolução artístico, pedagógico e social. Ela nos lembra o pequeno *Tistu*, de *O menino do dedo verde* (DRUON, 2001). Em vez de plantas, *A hipótese-cinema* nos impulsiona a "tocar", com cinema, todos os espaços onde é necessário redescobrir o encantamento com o mundo. O encontro com o cinema proposto por Bergala constitui um ensaio de redescoberta e invenção. Embora a escola esteja no foco de seus escritos, é possível – a partir do título – pensar a pertinência de introduzir o cinema em hospitais, cadeias, asilos e casas de repousos, entre tantos outros espaços, cuja institucionalização precisa de um outro, estrangeiro, para impregnar, com vitalidade e arte, os diversos modos de estar no mundo.

---

[17] Ao finalizar o filme, quando o balão vermelho é estourado, aparecem, de diferentes partes da cidade, muitos balões de cores diversas, para alegria do protagonista.

Capítulo 4

O Minuto Lumière:
crianças restaurando a infância do cinema[18]

> *Em 1894, eu ainda era pequena, tinha apenas cinco anos. Muita coisa estava acontecendo em Berlin. Ainda não havia automóveis e o cinema ainda não havia sido inventado. Mas ele estava no ar, dizia meu pai.*
>
> GERTRUD SKALADANOWSKY

Nada como aprender cinema no cinema. Para contar esta história, estou me baseando nas aulas de Hernani Heffner de História do Cinema (PUC-Rio, 2004, 2005), em alguns relatos das consultorias presenciais de Núria Aidelman (em 2007, 2008) e Alain Bergala (em 2011, 2012), na bibliografia (FRÉMAUX; PAÏNI; LAMOTTE, 2009; NOVOA; FRESSATO; FEIGELSON, 2009) e, inclusive, em alguns filmes, como *Truque de luz*.[19] Nele, Gertrud, filha de Max Skladanowsky, nos introduz à história do cinema, na Alemanha, belamente, reconhecendo que a qualidade das imagens do invento francês dos irmãos Lumière – o cinematógrafo – superou a força da cronologia quando se pensa no país de nascimento do cinema.

Mas, e então, quem foram os irmãos Lumière? Podemos começar com o pai, Antoine Lumière, nascido em 1840, em Besançon, França, pintor de

---

[18] Texto adaptado da comunicação apresentada na Reunião da SOCINE 2009.

[19] No filme *Truque de luz*, Wim Wenders entrevista a filha de Max, um dos irmãos Skladanowsky, Gertrud – que tinha mais de 100 anos de idade –, misturando personagens de ficção, no relato lúcido de suas memórias.

tabuletas, que muda de profissão para fotógrafo retratista, em 1862, ano em que nasce seu filho Auguste. Dois anos mais tarde, nasce Louis. Em 1870, eles mudam para a cidade de Lyon, onde seu estúdio fotográfico faz sucesso. O renome alcança artistas, políticos e intelectuais, que fazem questão de ter um retrato feito por Lumière. Os filhos são matriculados na escola técnica mais famosa da cidade, *La Martinière*. Louis é formado em química, e com apenas 17 anos cria, em 1881, uma emulsão que irá mudar o rumo da fotografia. O sucesso provocado pela invenção leva Antoine Lumière e seus filhos a criar uma fábrica no Bairro de *Monplaisir* – onde atualmente funciona o Instituto Lumière.

Outro invento ampliaria, ainda mais, o horizonte desses jovens engenheiros. E como tudo que se inventa, parte de novas combinações da imaginação do que já conhecemos, será o kinetoscópio,[20] que dará o impulso a essa grande criação. O kinetoscópio foi um dispositivo individual de projeção de fotografias, criado por Thomas Edison nos Estados Unidos, que chega à França em 1894. Será o pai, *Antoine*, que visa ao futuro comercial do aparelho e sugere aos filhos "brincarem" com imagens animadas para projetar numa tela grande. Em pouco tempo, Louis conseguirá inventar um dispositivo de avanço intermitente do filme, patenteado junto com o irmão em fevereiro de 1895. A diferença principal entre cinematógrafo e o kinetoscópio é que o primeiro podia projetar as imagens para o público em uma tela grande, enquanto que, no kinetoscópio, só era possível ver as imagens individualmente, pelo pequeno visor de uma caixa de madeira de aproximadamente um metro de altura. O cinematógrafo tinha inclusive, uma tripla função: podia filmar, copiar e projetar, pois possuía uma pequena manivela que era girada manualmente. Assim, as primeiras produções datam de 19 de março de 1895, quando foi filmada *A saída da fábrica*[21] – da qual há três planos diferentes, sem se ter notícias do motivo da repetição do plano, embora tudo indique que pretendiam filmar a saída da fábrica desde o momento em que se abrem as portas até quando se fecham, sem consegui-lo, absolutamente, em nenhum deles. Sabe-se que os Lumière já tinham projetado os filmes para grupos de familiares e amigos, mas só em 28 de dezembro de 1895 será projetado, pela primeira vez para um público, um conjunto de 10 filmes, no Salon Indian do Grand Café, em Paris, com a devida divulgação do evento e custo do ingresso. Em poucos meses, o

---

[20] Se quiser ver ou rever um kinetoscópio, confira em: <http://youtu.be/SRIjUYh3MEs/>. Acesso em: 10 mar. 2013.

[21] *La sortie d'usine*, em francês. Se quiser ver ou rever este filme, confira em: <http://youtu.be/fNk_hMK_nQo/>. Acesso em: 10 mar. 2013.

sucesso do cinematógrafo extrapola as fronteiras de Paris e os operadores de Lumière saem para filmar o mundo afora, compondo um catálogo com mais de 1.400 filmes entre 1895 e 1905, cujos negativos se conservam até hoje, quase intactos, graças aos cuidados de Henri Langlois e que, prevendo seu fim, em poucos meses conseguiu a criação da Cinemateca francesa, a partir de proposta feita em 1935.

É justo lembrar, também, os irmãos Max, Emil e Eugen Skaladanowsky. Eles já tinham inventado, na Alemanha, um dispositivo de projeção de imagens em movimento em uma tela grande, chamado bioscópio[22] e, embora a primeira projeção pública na Alemanha date de novembro de 1895, a sua qualidade estava muito aquém daquela que os irmãos Lumière conseguiram – segundo nos conta, com mais de cem anos de idade – *Getrud*, em *Truque de luz*. Nos perguntamos quantos outros começos anônimos e desconhecidos terá o cinema no mundo.

Então, inicialmente, podemos apresentar os irmãos Lumière como inventores. Seu interesse comercial e hábil aplicação dos princípios do capitalismo para enriquecer seus catálogos apenas embasam o brilho da sua imensa contribuição. A história e as leituras que se fizeram de sua obra foram mudando de olhar. Considerados inicialmente como engenhosos comerciantes muito bem sucedidos em seus inventos, passaram a ser reconhecidos, com o tempo, como verdadeiros artistas, criadores de uma linguagem. Ou como quer Godard quando se refere a Lumière: "O último pintor impressionista" (*in* AUMONT, 2004, p. 27).

Muitas foram as invenções dos irmãos Lumière, mas uma em especial merece destaque: "os autocromos", que revolucionou a fotografia ao imprimir cor às imagens capturadas graças à utilização de fécula de batata e placas de vidro. Assim, em 1903, eles registram a patente do autocromo, "a cor por si mesma" (FRÉMAUX; PAÏNI; LAMOTTE, 2009), que consistiu em "uma placa que incorpora uma única tela tricromo para separar radiações coloridas da luz" (p. 39). O processo foi comunicado à Academia de Ciências de Paris em 1904. Inventar significava um "brincar", um aprender, um desafio intelectual, uma contribuição para as artes – tornando possível um acesso cada vez mais amador aos recursos –, melhorar as condições materiais de vida e também pesquisar e comunicar conhecimento. Conhecer essa história surpreende e instiga pela quantidade e qualidade de inventos dos irmãos na passagem do século XIX ao XX. Será que alguém, ainda, poderá achar que imaginar é "perder tempo", na escola?

---

[22] Se quiser ver ou rever um bioscópio, confira em: <http://tinyurl.com/ppgyljl>. Acesso em: 10 mar. 2013.

Nascimento do cinema? A primeira projeção pública.

> *Nesse 28 de dezembro, o que apareceu na tela do "Grand Café"? Uns filmes curtinhos, filmados com a câmara parada, em preto e branco e sem som. Um em especial emocionou o público: a vista de um trem chegando à estação, filmada de tal forma que a locomotiva vinha vindo de longe e enchia a tela como se fosse se projetar sobre a plateia.*
>
> Jean-Claude Bernardet, 1980

A lenda conta que, ao se projetar *A chegada do trem*,[23] muitas pessoas saíram correndo espantadas da sala. Não temos como comprovar o fato, "cujo vestígio real não encontramos em nenhuma parte" (Aumont, 2004, p. 311). Embora tenha sido recriado nos filmes *Truque de luz* (Wim Wenders, Alemanha, 1995) e *A invenção de Hugo Cabret* (Martin Scorsese, EUA, 2011), podemos ter certeza de que hoje não aconteceria algo semelhante. Talvez algumas crianças, e muito pequenas, poderiam acreditar nessa ilusão. O medo foi produto de uma crença absoluta na imagem. Dessa *impressão de realidade* de que advêm o sucesso e a magia do cinema, segundo Jean-Claude Bernardet (1980, p. 12), está impregnada a imaginação infantil. Elas, como ninguém, *fazem de conta* que tudo é possível. Vestir a fantasia de um diretor de cinema é uma possibilidade de entender o brincar como coisa séria. Desprovidas de medos e vergonhas, as crianças se colocam cara a cara com o fazer. E o cinema nos coloca "cara a cara" com a infância, afirma Bazin (*in* Teixeira; Larrosa; Lopes, 2006). Neste trabalho, pretendemos ensaiar esse gesto de nos colocar "cara a cara" com a criança (mesmo a que habita em todo adulto) que, na sua experiência de aprender os gestos necessários para fazer um plano, restaura a própria infância do cinema.

Jean-Louis Comolli afirma que, em 1895, menos que o nascimento do cinema, marca-se o nascimento do espectador, como sujeito do cinema:

> Assim que nasce, esse espectador cresce, de repente. Iniciação rápida ao mistério da projeção, ao tomar conhecimento do jogo e de suas regras. Não entanto, nem toda essa tomada de consciência e de razão que adestra rapidamente o iniciado, que o faz renunciar à ilusão total e se contentar com ilusões parciais, suprime totalmente a infância do espectador. Como renunciar ao fantasma? E não

---

[23] *L'arrivée d'un train en gare de La Ciotat*, nome original, em francês. O filme está disponível em: <http://youtu.be/o2EwW_PqYIE/>. Acesso em: 10 mar. 2013.

seria outra ilusão que nos faz (hoje) guardar os efeitos do real dos primeiros filmes Lumière – movimentos, velocidades, perspectiva, profundidade de campo, em suma, figuração analógica – no campo, se assim posso dizer, da banalidade documentária? Sim, se esquecermos que o que fazia efeito nesses efeitos era também sua carga de magia, a própria imperfeição de seu "realismo", a mistura de analogia e distância em cujo filtro a imagem ortocromática e as tremulações da projeção interpretavam e transformavam toda realidade sensível. Essa dessemelhança na semelhança era a violência mesma da representação exercida sobre os primeiros espectadores, crianças diante dos sortilégios.

E essa criança sobrevive até hoje. Para o autor, ela quer realismo e irrealismo, efeitos do real e efeitos de ficção. O visível e o invisível, o verdadeiro e o falso como contrários cúmplices: "Há algo de conflito não reconciliado no monstro infantil que sonha em cada espectador, no qual continuamente vibra a contradição inerente ao desejo de nunca pararem uma ou outra das satisfações que ele espera" (COMOLLI, 2008, p. 93-94).

O que fica inimaginável é o quanto há de conflito e reconciliação entre as crianças e a própria infância do cinema. Quanto do invisível se visibiliza e foge do real partindo dele? Precisamos contar algo dessa experiência com os *Minutos Lumière*, que aprendemos com a fotógrafa catalã e professora Núria Aidelmam, discípula de Alain Bergala, em um curso intensivo realizado depois do I Encontro Internacional de Cinema e Educação da UFRJ, em novembro 2007, na Faculdade de Educação da UFRJ.

Afinal, o que é um *Minuto Lumière*?

Como vimos, os irmãos Louis e Auguste Lumière inventaram o cinematógrafo, que permite filmar e projetar as imagens em uma tela grande, com uma qualidade significativa para a época. Em 19 de março de 1895, eles começaram a escrever algumas das primeiras páginas da história do cinema. Usando uma câmera fixa, e um suporte de películas que tinha pequenos furos circulares nas margens, para facilitar o deslocamento da película no seu interior, produziram filmes, também chamados "vistas", de aproximadamente 52 segundos de filmagem, cuja duração era determinada pelo tempo que a película – de aproximadamente 17 metros de comprimento –, levava para rodar 16 quadros por segundo. Tanto os irmãos Lumière, como seus operadores – que, logo a seguir, foram enviados para fora do país – registravam fundamentalmente cenas cotidianas. Cem anos mais tarde, Alain Bergala e Nathalie Bourgeois idealizaram os *Minutos Lumière* como atividades pedagógicas da *Cinémathèque Française*. Trata-se de uma prática mágica, que permite fazer uma experiência inaugural do cinema ao restaurar sua *primeira vez* com um exercício relativamente simples. Parafraseando Bergala (2006, p. 206), podemos afirmar que, quando alguém se encontra no que há de originário no ato cinematográfico, torna-se o primeiro cineasta, de Louis Lumière até uma criança de hoje. Fazer um plano nos situa no coração do ato cinematográfico. No simples ato de captar um minuto está toda a potência do cinema e, no enquadramento, descobrimos um mundo que sempre nos surpreende (p. 131).

Matéria de poesia

Todas as coisas cujos valores podem ser
disputados no cuspe à distância
servem para a poesia

O homem que possui um pente
e uma árvore
serve para poesia

Terreno de 10x20, sujo de mato – os que
nele gorjeiam: detritos semoventes, latas
servem para poesia

Um Chevrolet gosmento
Coleção de besouros abstêmios
O bule de Braque sem boca
são bons para poesia

As coisas que não levam a nada
têm grande importância

Cada coisa ordinária é um elemento de estima

Cada coisa sem préstimo
tem seu lugar
na poesia ou na geral

O que se encontra em ninho de João-Ferreira:
caco de vidro, grampos,
retratos de formatura,
servem demais para poesia

As coisas que não pretendem, como
por exemplo: pedras que cheiram
água, homens
que atravessam períodos de árvore,
se prestam para poesia

Tudo aquilo que nos leva a coisa nenhuma
e que você não pode vender no mercado
como, por exemplo, o coração verde
dos pássaros,
serve para poesia

Essa tentativa de levar a experiência do *Grand Café* à sala de aula tem sido surpreendente. Embora nenhum aluno tenha se assustado ao ver o plano de *A chegada do trem,* é a própria entrada do cinema na escola que gera surpresa e um certo "susto". Especialmente, porque o desafio é criar, não como solução de problemas ou forma de adaptação, mas como gesto de invenção. Aproximar o cinema da educação como possibilidade de "fazer arte" na escola. Para isso, nesse exercício inicial, introduzimos as crianças no conceito de enquadramento e plano, uma noção básica da linguagem e dos primórdios da história de cinema, simultaneamente.

A atividade começa com um exercício de sensibilização. Projetamos, por alguns minutos, *slides* com autocromos e contamos um pouco algo dessa capacidade de invenção dos irmãos Lumière. Depois, com os olhos fechados, ouvimos o poema "Matéria para poesia", de Manoel de Barros (2001), na voz do poeta. Acreditamos que cegos e poetas são capazes de ver de olhos bem fechados, e tentamos partilhar essa emoção criativa. Pedimos para fazerem de conta que o poeta diz "cinema" cada vez que ele diz "poesia". E, então, iniciamos a projeção de alguns filmes dos Irmãos Lumière, e alguns trechos editados do filme de *Lumière & Cia* (1995). Partimos de uma análise criativa desses filmes. Isto é, tentamos imaginar as emoções dos Lumière, seus gestos cinematográficos, introduzindo os conceitos de *escolha, disposição* e *ataque*. Às vezes, se o tempo assim o permite, projetamos, ainda, alguns minutos Lumière já filmados por outras crianças (tomados das Mostras Mirim de Minuto Lumière, realizadas no MAM-Rio, desde 2008). Gostaria de salientar que, na recente consultoria realizada com o professor Alain Bergala em 2011, ele considerou desnecessária toda ação de sensibilização ou preparo, exceto projetar os planos de Lumière antes de sair a filmar. Ele sugeriu que cada aluno filme três planos, mas que escolha um para mostrar para o professor e os colegas.

Exponho as duas formas, a de Bergala, mais potentemente ranceriana; mas justifico nossa proposta de apresentar o poema de olhos fechados, os autocromos e alguns minutos Lumière feitos por crianças como um choque com a *desutilidade poética das coisas*. Multiplicar encontros diretos com imagens e sons sensibiliza o olhar para filmar as "grandezas do ínfimo" (BARROS, 2010, p. 397-421), quando é preciso fazer as escolhas do que será filmado, com muitas crianças, em pouco tempo.

> As coisas que os líquenes comem
> - sapatos, adjetivos -
> têm muita importância para os pulmões
> da poesia
>
> Tudo aquilo que a nossa
> civilização rejeita, pisa e mija em cima,
> serve para poesia
>
> Os loucos de água e estandarte
> servem demais
> O traste é ótimo
> O pobre – diabo é colosso
>
> Tudo que explique
> o alicate cremoso
> e o lodo das estrelas
> serve demais da conta
>
> Pessoas desimportantes
> dão para poesia
> qualquer pessoa ou escada
>
> Tudo que explique
> a lagartixa de esteira
> e a laminação de sabiás
> é muito importante para a poesia
>
> O que é bom para o lixo é bom para poesia
>
> Importante sobremaneira é a palavra repositório;
> a palavra repositório eu conheço bem:
> tem muitas repercussões
> como um algibe entupido de silêncio
> sabe a destroços
>
> As coisas jogadas fora
> têm grande importância
> - como um homem jogado fora.
>
> (MANOEL DE BARROS, 2010, p. 144-148)

Só depois ensaiamos a realização de alguns planos como se a filmadora digital tivesse as limitações do cinematógrafo. Primeiro, na própria escola, depois, em algumas locações próximas. Antes de pegar na câmera, sugerimos uma primeira tarefa, bem simples, que ajuda a pensar a escolha do enquadramento – e ocupa produtivamente o tempo –, enquanto alguns começam a filmar (calculamos uma câmera a cada 10 estudantes/professores por monitor que acompanha o processo desse grupo). Usando dois dedos de cada mão para formar um pequeno retângulo que represente o visor da câmera, ou melhor, um marco de cartolina preta, pedimos para olhar através dele, fazendo um anúncio gestual do recorte que significa enquadrar, diante de tudo o que vemos. Porém, a grande maioria já tem essa noção, já filmou inúmeras vezes com seu celular ou câmeras de fotografia. A experiência, realizada com alunos de todas as idades (inclusive com professores de educação básica, mulheres cuidadoras de comunidades, idosos, pacientes do hospital pediátrico, estudantes e professores universitários) nos revela, simultaneamente, uma vivência/experiência, inexplicável. Algo de absolutamente efêmero e permanente se funde com a prática. Esse minuto fica impresso para sempre, como filme, mas também na memória da emoção transformadora que provoca o gesto de criação. Godard dirá, referindo-se ao cinema: "O ideal, para mim, é obter logo o que deve ser, sem retoques. Se forem necessários retoques, falhou. O tudo de seguida é o acaso. Ao mesmo tempo, é o definitivo. Aquilo que eu quero é o definitivo, por acaso".[24] O processo de filmar um Minuto Lumière também carrega algo desse acaso que fica capturado, aparentemente definitivo, sujeito ao encontro com os espectadores não passivos. É uma espécie de batizado ou de iniciação para uma nova forma de olhar para o mundo. Permanece um desejo, em alguns professores, estudantes que ficam sensibilizados com o exercício, de seguir fazendo seus minutos, de transmitir a experiência, para outros também o fazerem. Algo assim como um vício ou contágio: quem já fez precisa repetir e compartilhar.

A visualização coletiva dos minutos e sua análise conjunta posterior permitem novamente experimentar a pedagogia da criação ao imaginar outras possibilidades autorais, vendo a produção própria e a alheia. Podemos dizer que se trata de uma certa experiência de infância de uma certa infância do cinema, com a qual se comparte algo do encantamento e de "primeira

---

[24] Excerto retirado de Entrevista a Godard. *Cahiers du cinéma*, n. 138, dez. 1962 (Número especial Nouvelle Vague). Tradução: Marta Mendes. Disponível em: <http://pt.scribd.com/doc/51730117/Godard-Entrevista-sobre-Vivre-sa-Vie#download>. Acesso em: 13 mar. 2013.

vez". Ao mesmo tempo em que conhecemos algo dos primórdios da arte, fazemos de conta que a iniciamos, uma e outra vez. Crianças e adultos sentem-se autoras dos planos e endereçam seu olhar para ver um mundo através dos enquadramentos onde sempre há espaço para a emergência do novo, do que não estava previsto, e nesse inesperado se inscreve outra relação com o tempo desse minuto ubíquo.

Sabemos que grandes cineastas têm falado da pertinência e da simplicidade do encontro do cinema com a infância, como Renoir, Truffaut, Wenders, Bazin, Kiarostami, o próprio Bergala, entre tantos outros. Apostamos nessa criança espectadora e autora, capaz de reinventar essa história, enquanto aprende algo da poesia do cinema.

Jorge Nóvoa se pergunta se os irmãos Lumière teriam consciência da complexidade da linguagem que estavam criando e afirma que "o cinema ajudou a materializar as condições para a emersão de um *'novo' paradigma* que denominamos 'razão poética'" (NOVOA; FRESSATO; FEIGELSON, 2009, p. 161). Fica uma grande pista para nós, educadores, repensarmos questões da educação.

Algumas reflexões sobre *Louis Lumière, a vida em imagens*

"Um pintor", "o último pintor impressionista".
A CHINESA, JEAN-LUC GODARD.

Em uma entrevista produzida pelo Instituto Pedagógico Nacional da França, a Cinemateca Francesa e a Televisão Escolar, chamada *Louis Lumière, a vida em imagens,*[25] Erich Rohmer[26] entrevista Henri Langlois e Jean Renoir, grande cineasta, filho do genial pintor Pierre-Auguste Renoir. Este último revela que já tinha assistido, quando era muito pequeno, a vários filmes de Lumière, precisamente, no colégio onde era interno:

> [...] eu quase nasci com o cinematógrafo. Nasci em 1895 e Louis Lumière fabricou sua primeira máquina de gravação de imagens em movimento em 1895, isto é, nascemos juntos. Desde o começo me dei perfeita conta do que iria significar aquilo. Eu me lembrarei

---

[25] Os trechos da entrevista citados nesta parte do texto são tradução própria da autora.

[26] Eric Rhomer, nos anos 1960, organizou uma série de entrevistas para a Oficina de Radiodifusão da Televisão Francesa, para o Instituto Pedagógico Nacional e para a Televisão escolar, sobre cinema, literatura, sociologia e história, de um forte teor pedagógico, entre outras, *Louis Lumière, a vida em imagens*, 1969.

dele sempre: tinha sete ou oito anos e estava no colégio. Era um colégio católico. Nos domingos, o diretor do colégio projetava um filme. Sempre me lembrarei de um certo "Carro Maboule". "Carro Maboule" era um cômico. Ele tinha um carro que não ligava e que, quando ligava, fazia explosões. Também tinha uma pele de cabra engomada, que parecia um ouriço e era muito engraçada. Nós ríamos muito e eu ficava atônito, especialmente impressionado. Tinha a impressão de estar de frente com uma grande mudança na história da transmissão do pensamento humano. Jamais acreditei que o cinema se limitasse a ser um "enlatado" da história atual para o futuro. Eu acredito que vai além. Inclusive, quando os planos são puramente documentais, como no caso dos Lumière, neles há uma espécie de recriação da atmosfera da época, que acredito seja exatamente o que hoje nos agrada chamar "obra de arte".

Para Renoir, os primeiros filmes mudos da história são geniais, em função da técnica ser algo difícil. Na sua concepção, a vantagem de Lumière consiste justamente no fato de não ter tantas facilidades e, assim, se viu obrigado a compor mais, a ser menos "livre". Em absoluta sintonia com Renoir, Jean-Louis Comolli (2008, p. 20) faz uma tentativa de pensar o cinema reduzindo-o ao essencial, e diz que:

> Tudo que é preciso para pensar o cinema se encontra nos primeiros filmes dos irmãos Lumière, não porque sejam os primeiros, mas porque são os mais pobres, duram cinquenta e sete segundos; neles a câmera ainda está fixa sobre seu tripé e, portanto, nenhuma ênfase, nenhuma sofisticação é verdadeiramente possível nesses filmes. Quase tudo? Os corpos, é claro, sua relação com a máquina que os filma, o papel de máscara do quadro, o campo e o fora de campo, a cena e o fora de cena, o jogo com as bordas do quadro, a articulação das velocidades, a medida do tempo e seu registro, a inscrição e o apagamento.

Relevamos a discrepância no que diz respeito ao tempo – aprendemos com Núria que os planos de Lumière duravam até 52 segundos e, inclusive, que muitos tinham bem menos do que isso –, e partilhamos com o leitor a curiosidade para investigar a dessemelhança. Mas isso não é o que importa. A grande questão é que, para Renoir, a liberdade em arte é muito perigosa. Acreditamos nisso. Na força do limite como principal degrau para o processo criativo, especialmente ao pensarmos em práticas com crianças. Quando oferecemos uma câmera sem critério nenhum, e deixamos que os pequenos façam uma produção "livre", por assim dizer, é comum levarmos algumas surpresas ao conferir quanta semelhança há nas filmagens que eles produziram. Com frequência, aparecem pequenos filmes com um formato facilmente identificável de seriados ou novelas do momento. Assusta pensar na hegemonia que povoa o imaginário de crianças e adolescentes, classicamente poluídos por certos "clichês midiáticos", que não parecem deixar espaço para o novo, sequer para o vazio. Isto inviabiliza a possibilidade de pensar algo diferente.

Para Renoir, existe um "gênio cinematográfico" que é muito difícil de precisar:

> Há muitas definições. Eu acordo todos os dias com uma nova. Umas vezes me digo que é uma representação sem par da vida de nossa época, e outras, pelo contrário, penso que é um meio de expressar o que temos na imaginação. Definitivamente, acredito que o cinema é um pouco de tudo.[27]

Nesse sentido, Eric Rohmer, na entrevista, nos alerta para duas tendências possíveis no cinema. Uma, mais próxima de Lumière, propriamente, que consiste em uma forma de expressar nossa época com um caráter mais documental, e outra, que seria a tendência do cinema como arte de ficção, que expressa nossos sentimentos e o que há em nosso mundo interior. De fato, como afirma Bresson (2005, p. 17), o principal é "encontrar, a cada plano, um novo sal no que eu tinha imaginado. Invenção (reinvenção) imediata". O que quer dizer isto? Como viabilizar a invenção e reinvenção imediata ao capturar fragmentos de um determinado espaço/tempo?

À distinção feita por Rohmer, Renoir responde, tensionando, ainda, outra possibilidade, quando afirma:

> [...] o interessante é que a tendência Lumière, embora movimentada pelo desejo de reproduzir a realidade, é também uma porta aberta à imaginação mais desenfreada. Parece-me que tem mais fantasia em certas imagens do que acabamos de ver [os filmes de Lumière], do que em alguns quadros que se acreditam cheios de fantasia. Sinto que, nesses planos de Lumière, há algo que me lembra o que na pintura é o "Aduaneiro" de Rousseau: um desejo muito sincero de copiar a realidade, sem acrescentar nem tirar nada, mas o resultado, definitivamente, é a criação de um mundo que existe em realidade, mas que também existe, e talvez com maior força, na imaginação de Henri Rousseau. Ou na imaginação dos operadores que iam filmar o Zar em São Petersburgo ou o Papa em Roma[28].

---

[27] RHOMER, E. *Louis Lumière, a vida em imagens, 1969*. Entrevista a Jean Renoir e Henri Langlois para a Oficina de Radiodifusão da Televisão Francesa, para o Instituto Pedagógico Nacional e para a Televisão escolar.

[28] RHOMER (1969).

Em outro momento da entrevista, Eric Rohmer afirma que nos planos de Lumière, "não há linguagem" e que tudo se filma a partir de um mesmo ponto de vista, Renoir reage, defendendo o talento do operador de Lumière, na hora de colocar a câmera, provocando um ângulo que só pode ser fruto de um talento, até mesmo inconsciente, característico de muitas obras na história da arte. Essa triangulação, que permite capturar uma imagem que entra pelo canto superior do enquadramento, oferecendo ao espectador praticamente todos os planos possíveis em um plano só não pode ser produto do acaso, e sim de um estudo, de uma prática estudada, ensaiada, medida, para, na hora da filmagem, surpreender pela precisão. Robert Bresson (2005, p. 17), nesse sentido, afirma "controlar a precisão. Ser eu mesmo um instrumento da precisão". É disso que se trata a experiência de capturar um acontecimento em um minuto. Estudá-lo suficientemente para que ele apareça como uma unidade, íntegro, preciso, exato.

Henri Langlois se "estremece na cadeira", quando Rohmer afirma, diante de Jean Renoir, que em Louis Lumière não tinha *mise-en-scène*, e ele mesmo responde:

> Eu acredito que isso é uma ilusão. Uma ilusão que procede de... hoje um filme tem 1.500, 300 ou 250 m e se vão colando os troços. O problema é que, nas origens do cinema, tinha X metros e nada mais. E nesses X metros tinha que se compor algo. Se olhamos com atenção os filmes de Lumière, parecem muito espontâneos. Coloca-se a câmera na rua e a rua desfila diante da objetiva. Se for algo bom, se nos impressiona, dizemos que foi acaso. Mas não é acaso, porque há planos de Lumière que são evidentes. Por exemplo, quando se vê em um filme de Lumière como que por acaso – e isto é uma questão de tempo, pois o filme dura determinado tempo porque isso é o que dura o plano –, o filme começa com um bondinho que entra no quadro pela direita. Há uma sucessão de movimentos e termina com um bondinho que entra no quadro pela esquerda. Acredita que isso é fruto do acaso? Em absoluto. Buscaram uma boa localização, observaram durante um tempo o que acontecia. Escolheram o melhor ângulo e conseguiram algo extraordinário. Algo que temos o costume de esquecer é que, durante esses segundos, conseguiram introduzir em uma imagem, sem alterar o lugar da câmera um máximo de planos, o primeiro plano, o plano médio, o americano, o geral, com um movimento que os une a todos. Não é acaso, é técnica. [...] o mais maravilhoso dos filmes de Lumière é que ele não nos ensina a história, mas a vida. E a vida não é o que todo o mundo pensa [...]. Situar a câmera, mostrar as pessoas que passam pela rua... a vida é algo mais profundo, por isso os filmes de

Lumière são tão importantes. A vida não é só o aspecto exterior, é o aspecto profundo, a filosofia da época, da arte da época, do pensamento da época, dos costumes da época. E seus filmes refletem tudo isso. Vemos duas crianças brincando nos Champs Elysées. São duas pequenas brincando nos Champs Elysées, mas é mais do que isso. A prova é que nos remetem a Proust, a Renoir; a prova é que nos sugerem um monte de coisas. A força vital, essa qualidade vital dos filmes de Lumière é que nela está a atmosfera, o ambiente, a filosofia da época.

Esta passagem da entrevista nos remete, definitivamente, a uma grande tensão colocada na história do cinema, fundamentalmente, pelo Ocidente: criação/reprodução, documental/ficcional. Para Bresson (2005, p. 19), existem dois tipos de filmes: "aqueles que utilizam os recursos do teatro (atores, *encenação*, etc.) e se servem da câmera com o intuito de *reproduzir*; aqueles que usam os recursos do cinematógrafo e usam a câmera com o intuito de *criar*". Já Godard, em janeiro de 1966, na retrospectiva Lumière, organizada por Henri Langlois, afirma a esse respeito: "O que interessava a Méliès era o ordinário no extraordinário, e a Lumière, o extraordinário no ordinário [...] Louis Lumière, via impressionistas, era, portanto, "bem o descendente de Flaubert, e também de Stenhdhal, cujo espelho ele levou ao longo dos caminhos" (*in* AUMONT, 2004, p. 27). A comparação que Godard estabelece com os pintores impressionistas reedita a forte referência que o cinema recebe no seu nascimento dessa arte e, inclusive, da literatura, aproximando o trabalho dos Lumière – engenheiros e comerciantes – com escritores de extrema sutileza e aprofundamento psicológico. Costa (2007) sugere derrubar o mito acerca dos filmes de Méliès e dos Lumière como polos opostos, porque, para ela, a leitura tradicional, pela qual ambos marcariam um divisor de águas entre essas duas tendências opostas do cinema, o documentário e a ficção, se quebra quando percebemos que, nos filmes de Méliès, embora fossem realizados em estúdio e abordassem questões fantásticas, ficcionais, "traziam também cenas documentais nas ficções" (p. 31). E nas "vistas" dos Lumière, encontramos, também, encenações dos fatos que pretendiam registrar: "atualidades reconstituídas. Nessas atualidades, misturavam-se filmagens de situações autênticas com restituições em estúdio ou locações naturais, uso de maquetes e trucagens" (p. 31). Hernani Heffner, conservador chefe do Setor de Documentação da Cinemateca do Museu de Arte Moderna do MAM-Rio, uma vez se ocupou de identificar para nosso grupo de pesquisa, em um sem fim de "vistas", os parentes da grande família Lumière. Isto desmitifica um pouco o aparente improviso ou absoluto acontecimento. Muitos planos foram encenados, dado que os familiares de Lumière participaram intencionalmente das filmagens. Reafirmamos a hipótese de que o que se estudou previamente: o que se observa até perceber como regularidade antes de filmar é a condição para que, depois, o filmado possa aparecer como algo espontâneo e para, inclusive, abrir a possibilidade do acaso. Um mestre nesse sentido é Abbas Kiarostami. Sempre atento para capturar o acaso, o imprevisto, mas quando ele não acontece – nos confessa –, ele próprio o produz, o provoca. [29]

De todas as experiências realizadas no contexto escolar em parceria com a Cinemateca do MAM-Rio, a mais bela tem sido a criação da Mostra Mirim de Minutos Lumière, desde 2008. Nela, projetamos, a cada ano, aproximadamente 20 planos propostos por crianças de diferentes partes do mundo que mandaram seus minutos para mostrar algo de sua infância e de seu lugar. A ideia era estabelecer umas "correspondências filmadas" com outras crianças. A primeira mostra da Faculdade de Educação no MAM, em 2008, foi na Retrospectiva Kiarostami-Erice: outras correspondências, inspirada na *Correspondances*, idealizada no Centro de Cultura Contemporânea de Barcelona, na qual se mostravam oito cartas filmadas, quatro de Abbas Kiarostami e quatro de Víctor Erice, contando-se, um ao outro, algo de sua infância e de seu lugar. Essa ideia partiu da descoberta de Alain Bergala de uma extrema semelhança nas filmagens desses dois cineastas, que não se conheciam, mas tinham em comum, além de alguns gestos cinematográficos, o fato de terem nascido no mesmo ano, e vivido seus primeiros anos de vida sob regimes totalitários. A mostra europeia incluía também trechos de longas dos dois diretores e algumas esculturas que falavam da infância. A mostra abriu em Barcelona, logo foi a Paris, e a Sidney. Diante da tentativa frustrada para trazê-la para o Rio, idealizamos *Outras correspondências* e, dentro dela, organizamos a primeira Mostra Mirim de Minutos Lumière, no marco do convênio da Faculdade de Educação da UFRJ com o Museu de Arte Moderna do Rio de Janeiro. O próprio Alain Bergala prestigiou a retrospectiva e proferiu a conferência de abertura, relatando os detalhes e bastidores da *Correspondances*.

Nos minutos produzidos por crianças dentro e fora das escolas, é recorrente encontrar vistas de espaços especialmente caros: citações dos filmes de Lumière e muitos animais. Da primeira mostra, destacamos um primeiro minuto feito na cantina da escola, definido pela escolha de uma

---

[29] Entrevista de Alain Bergala a Abas Kiarostami. Tradução de Mirna Juliana Santos Fonseca. In: *Onde fica a Casa do Meu Amigo*, DVD 2. Coleção *L'Eden*.

aluna que fixou a câmera a partir de um ponto de vista "que os alunos não têm", isto é, de dentro. Ele contrasta com um minuto produzido por um adolescente de uma escola rural de Barcelona, quase analfabeto, que filma a "chegada e saída do metrô", de dentro de um elevador cujas portas são de vidro, com uma precisão impressionante. Quiçá seja este um dos mais expressivos exemplos. Na segunda Mostra, realizada em 2009, surpreende um enquadramento do Cristo vestindo e despindo uma nuvem; um aquário na Catalunha; camisetas dançando ao vento, capturadas de um carrinho em movimento; a entrada e saída de pessoas no campus da UESB espelhado no reflexo da porta de um carro, no ângulo entre o posicionamento da câmera e a entrada do Teatro Glabuer Rocha, na Bahia. Em 2010, preparar um café ao som de *Adiós Nonino*,[30] enquadrado de cima, nos envolve de cheiro e sabor e emociona ao embaçar a lente da câmera quando a água fervendo é despejada no filtro manual. Em 2011 nos surpreendeu um minuto em que vimos duas escadas, uma atrás da outra, cujos corrimãos de varas de ferro permitem ver as duas simultaneamente, com alunos subindo em uma e descendo em outra, mas tomadas de um ângulo diferenciado. A câmera foi colocada girada 90° à esquerda. O efeito é confuso e mágico, evocando fortemente a obra de Maurits Cornelis Escher. Em 2012, um minuto nos mostra um primeiríssimo plano do rosto de uma criança, que, ao som do motor de um carro que liga, vai se distanciando, deixando-nos ver um grupo de outras crianças que se despedem de quem vai no carro se afastando, revelando a incrível vegetação da zona rural, onde se encontra situada a escola. Outro minuto que surpreendeu foi o de duas crianças da comunidade do Vidigal cantando uma canção de autoria própria com ritmo de *funk*, do alto do morro onde está situada a escola, de frente para o mar.

Ao ver e rever os planos, emerge um sentimento de vitalidade, algo do imponderável de sua vida, de seus lugares, querendo ser comunicado de uma criança para outra, ratificando a impressão de Langlois (HL). Acompanhemos um diálogo entre ele e Romher:

> **HL:** Veja, a partir de certa época a arte evolui. Toda a arte plástica a partir do século XIX, a partir de finais do Romanticismo, toda essa arte evolui. Estabelece-se uma espécie de carreira entre a pintura e a fotografia – talvez esteja enganado – para a impressão instantânea da vida. O que é o impressionismo, se não isso? O imponderável da vida que tem passado ao lenço, com independência do valor da matéria? O que eles buscaram, de um ponto de vista espiritual, foi

---

[30] Tango instrumental de Astor Piazzola.

trasladar à tela o imponderável da vida. E o que há nos filmes de Lumière mais do que o imponderável da vida? O que buscava Louis Lumière é o imponderável da vida. E isto mesmo é o que buscaram os grandes impressionistas. Por isso, as duas coisas se cruzam. Quiçá eu esteja enganado...

ER: Quanto há de premeditação e quanto de improvisação nos filmes de Lumière?

HL: O premeditado é... mas não falemos dos filmes de Louis Lumière, mas dos filmes dos operadores Lumière. O premeditado é que, quando chegam a uma cidade, buscam a coisa que vão filmar. Em um plano puramente anedótico, vão à praça da igreja e filmam os habitantes da cidade e depois todos eles vão se ver. Isso é puramente anedótico, mas vamos lá. Quando digo "a coisa que vão filmar", estou me referindo à rua, à praça ou ao lugar que melhor se presta para os planos dessas vistas. Chegam, ou estudam... ou estudavam com calma, porque naquela época tinham que filmar de tal hora a tal hora, devido ao sol. Primeiro o estudavam, não colocavam a câmera ao acaso. Identificavam o ângulo e o objeto. Algo cotidiano. E depois vinha a improvisação, a autêntica improvisação. Não o faziam com centímetros ou milímetros, nem com estatísticas, nem cifras. Era algo que tinham dentro. Era uma ciência que levavam dentro de si.

Nesse sentido, nesse exato sentido de combinar o prescritivo, o "que se ensina", o que se coloca como limite dado à criação combina, ao mesmo tempo, o espaço para dar vez e voz à imaginação infantil, é que tentamos proceder como método de trabalho. Algo é limitado, preciso, definido. Um eixo, um silêncio, uma cor. O resto é criação, liberdade que se atualiza à revelia das regras para emergir. Acreditamos que as crianças, quando filmam, são capazes de furar a opacidade do real, de capturar o essencial, que é invisível aos olhos, como dizia o *Pequeno Príncipe*. Elas têm uma sensibilidade para ouvir o silêncio das palavras, registram o impronunciável. A força da vitalidade dos filmes de Lumière é o que definitivamente as crianças conseguem filmar, como se soubessem que, ao fazê-lo, estão capturando algo da atmosfera, dos costumes, da filosofia da época. Quando Langlois afirma que Monet pintou a Estação Saint Lazare e que se produz uma espécie de transmissão de poderes da arte plástica pictórica à arte plástica cinematográfica e da arte plástica fotográfica à arte plástica cinematográfica pela qual a Estação Saint Lazare vira *A chegada do trem* de Lumière, ele nos antecipa algo do circuito desse poder, que hoje chega também às crianças e jovens, que registram a chegada do metrô com seus celulares. Renoir visiona a força pedagógica da obra de Lumière: incompletude e arte que marcam uma época. Ao finalizar a entrevista, Eric Rohmer pergunta a Jean Renoir qual foi a sua impressão após ter assistido aos filmes dos irmãos Lumière:

> Como eu disse antes, no início de nossa conversa, minha primeira impressão é a de ter contemplado um grande quadro histórico animado. Depois me assalta outro pensamento, que não concorda com o do meu amigo Langlois. Meu pensamento é o seguinte: Langlois nos disse que a precisão dessas imagens, a autenticidade dessas imagens, consiste em que não só lemos a história de uma mulher que atravessa a rua em Proust, mas vemos essa mulher com seu *corset*, seus sapatos, seu autêntico rosto. E Henri Langlois pensa que essa característica converte o cinema, e sobretudo o cinema realizado por Lumière, em uma espécie de compêndio das outras artes. Eu pessoalmente acredito... eu pessoalmente tenho uma opinião um pouco diferente. Para mim, o cinematógrafo é uma arte em si mesma e não um resumo das demais artes. O cinema existe por si mesmo, como a pintura ou a literatura. Evidentemente, tudo está relacionado. Como repito constantemente, e peço perdão por isso, o mundo é uno e, com maior razão, o mundo de Lumière é uno. O mundo Louis Lumière é uno. Eu afirmo que os planos de vistas de Lumière possuem um alto valor espiritual – e essa não era a ideia de Langlois –, porque deixam, ao contrário do que se poderia acreditar, toda a liberdade à interpretação. Eu sinto que, diante desses planos, sou livre para imaginar quase tudo o que quiser. Posso imaginar a história dessa mulher, o cansaço dos cavalos – embora não estejam cansados _, posso terminar a história. Para mim não há obra de arte se o público não colabora. *A condição da obra de arte é não definir tudo ao público*,[31] mas permitir imaginar também uma parte da ação, uma parte dos sentimentos. No [cinema] mudo que era mais fácil porque não falavam, podiam se imaginar as vozes, os barulhos. E o melhor, quiçá o maior para mim, da obra de Lumière, é que os resultados dessa obra abrem a nossa imaginação e nos permitem inventar uma parte do que vemos ou não vemos na tela. [...] O artista que nasceu na Alemanha do século XVIII se expressou mais facilmente com a música porque todo o mundo era músico. O artista nascido em 1870, ou que era jovem em 1870, em Paris, teria mais possibilidades de ser pintor, porque o ambiente era pictórico. Mas eu creio que o essencial é o que o artista leva em si e que expressa com a pintura, com a literatura, com a fotografia ou com outra forma de arte.

Assim, no final da entrevista, Renoir nos lembra desse espaço de silêncio ou vazio "entre" a obra e o espectador, desse jogo de operações

---

[31] Grifo meu.

que produz a alteração da semelhança (*in* Ranciere, 2012). É desse espaço mudo que emerge alguma coisa para se dizer, para expressar; espaço cada vez mais difícil de conquistar, haja vista a invasão de imagens e sons em qualquer lugar, e de explicações simplificadas para tudo. "Invento para me conhecer" (BARROS, 2010, p. 457), diz o poeta, que coloca a invenção na base e na meta do conhecimento no *Caderno do aprendiz*. Inventar é também ler, escrever, pintar, fotografar, filmar, para (nos) conhecer. Se pensarmos na predominância das formas de expressão atuais, não teremos dúvida de que a "ambiência" de que nos fala Renoir – ainda com mais força que nunca –, hoje, está impregnada de imagens em movimento que habitam, promiscuamente, todos os espaços. Então, seguindo sua lógica, desenvolver a sensibilidade artística nas crianças hoje nos leva ao encontro dessa arte (e outras, possivelmente), com uma marca e um apelo históricos. A seguir, proponho partilhar alguns fragmentos de uma experiência Lumière feita por 40 cineastas com motivo do centenário da invenção do cinematógrafo.

Lumière & Cia,[32] 1995

> *O sujeito filmado, infalivelmente identifica o olho negro e redondo da câmera com olhar do outro materializado. Por um saber inconsciente mas certeiro, o sujeito sabe que ser filmado significa se expor ao outro.*
>
> JEAN-LOUIS COMOLLI (2008, p. 81)

Para o autor, desde os primeiros filmes da história, como, por exemplo *Repas de bébé*, dos irmãos Lumière, no qual Louis Lumière alimenta seu filho no jardim doméstico, ocorre um processo duplo de individualização, ou de subjetivação do sujeito filmado: "Aquele que é filmado se torna personagem de filme e, através dessa parte dele mesmo que posa e se posiciona, ele se presta ou se oferece ao olhar do outro" (COMOLLI, 2008, p. 81). Esse filme permite perceber o movimento das folhas para trás. Esse fenômeno, de dupla

---

[32] *Lumière et Compagnie* (Dir. Jacques Rivette, Arthur Penn, Youssef Chahine, Gabriel Axel, Nadine Trintignant, David Lynch, Liv Ullmann, Lucian Pintilie, Yoshishige Yoshida, Ismail Merchant, Andrei Konchalovsky, James Ivory, Vicente Aranda, Claude Lelouch, Costa-Gavras, John Boorman, Francis Girod, Wim Wenders, Fernando Trueba, Helma Sanders-Brahms, Hugh Hudson, Alain Corneau, Claude Miller, Patrice Leconte, Bigas Luna, Raymond Depardon, Lasse Hallström, Gaston Kaboré, Peter Greenaway, Spike Lee, Michael Haneke, Abbas Kiarostami, Yimou Zhang, Jerry Schatzberg, Régis Wargnier, Theodoros Angelopoulos, Idrissa Ouedraogo, Cédric Klapisch, Jaco van Dormael, Sarah Moon, Merzak Allouache; França, Espanha, Suécia, Dinamarca, China, Japão, Alemanha; 1995).

subjetivação, foi contundente para me decidir a incluir este subcapítulo no livro. Considero que as falas dos cineastas, a ideia em si e os minutos produzidos são de uma potência pedagógica que ultrapassa qualquer critério de prudência, tamanho o desejo de continuar a falar dos Lumière e o que eles promoveram em outros cineastas, 100 anos depois. Também duvidei em apresentar este texto como se fosse um relato do filme, mas *Isto não é um filme* (JAFAR PANAHI e MOJTABA MIRTAHMASB, Irã, 2011)[33] me fez reconsiderar a dúvida e encorajar a escrita. Jafar Panahi se pergunta: "Se fosse suficiente contar um filme, então por que filmaríamos?". De fato, o filme *Lumière & Cia* não está contado passo a passo, mas recorto dele o que gostaria de partilhar com outro professor, pesquisador ou estudante. Trata-se de uma iniciativa do Musée de Cinéma de Lyon e de uma ideia original de Philippe Poulet. O filme começa mostrando velhas fotografias de Auguste e Louis Lumière bebês, jovens, e até bem idosos. Logo a seguir, uma "vista" (nunca vista, ao menos por mim) em que uma mulher acompanha, sutilmente, os passos desequilibrados e inseguros de uma pequena menina. Ao parecer, ela andava fazia pouco tempo. A mulher a ajuda a subir na calçada e depois a solta, ficando bem de perto, sem segurá-la, vigiando para que não perca o equilíbrio na aventura de "andar". Elas se aproximam em direção a uma boneca que está jogada no chão, justamente depois de um declive do piso, a menina faz dois ensaios para se abaixar, e no terceiro cai para frente, sem se machucar, apoiada nas suas próprias mãos. A mulher continua atrás dela, não a segura. Sorri docemente. A criança pega a boneca com uma mão enquanto continua apoiada no chão com a outra. O plano acaba. Pouco interessaria esta curta vista se não fosse a literal semelhança com a experiência de acompanhar a filmagem do Minuto Lumière com gesto de *passeur*.

A seguir, uma sequência de imagens com os rostos dos cineastas Gabriel Axel, Theo Angelopoulos, Vicente Aranda, Merzak Allouache, John Boorman, Bigas Luna, Youssef Chahine, Alain Corneau, Costa Gravas, Raymond Depardon, Francis Girod, Peter Greenaway, Michael Haneke, Lasse Hallström, Hugh Hudson, Idrissa Ouedraogo, James Ivory, Ismael Merchant, Gaston Kabore, Abbas Kiarostami, Cedric Klapisch,

---

[33] O filme trata de Jafar Panahi, genial cineasta iraniano, que se faz filmar por um colega cineasta, Mojtaba Mirtahmasb, dentro de sua casa, enquanto aguarda a sentença do juiz que ditou seis anos de prisão, e 20 sem poder filmar nem escrever roteiros. Em uma filmagem que provoca emoção e estranhamento, íntima e improvisada, ele narra um dos roteiros que lhe foram proibidos de filmar pelo governo. O filme foi exibido fora da competição no Festival de Cannes em 2011. O filme rodado em uma câmera digital e um *I Phone* saiu clandestinamente do Irã, em um *pendrive* oculto dentro de um bolo.

Andreï Konchalovsky, David Lynch, Patrice Leconte, Louis Lumière, Claude Lelouch, Claude Miller, Lucian Pintilie, Arthur Penn, Jacques Rivette, Jerry Schatzberg, Spike Lee, Helma Sanders, Fernando Trueba, Nadine Trintgnant, Liv Ullmann, Jaco Van Dormael, Regis Wargnier, Wim Wenders, Zhang Yimou, Kiju Yoshida, e o cinematógrafo.

Desses cineastas, 27 são europeus, sendo deles dez franceses, cinco norte-americanos, quatro asiáticos e quatro africanos. Ao parecer, o filme tentou reproduzir em alguma escala o destino dos operadores de Lumière. Muitos foram para a América do Norte, embora poucos tenham ido para a África e para a Ásia. Nenhum deles chegou à América Central ou à América do Sul, nem à Oceania.

O primeiro encontro dos cineastas com o cinematógrafo revelou expressões de surpresa: "é incrível", "é uma caixa", "é uma relíquia!", "é tão bonita" (Gabriel Axel); só é uma caixa, (Jacques Rivette); "nada mal" (Theo Angelopoulos); Maravilhosa! (Claude Miller). Isso, em meio a gargalhadas e experimentações da dificuldade (impossibilidade?) de aproximar o olho ao visor, manipulando ludicamente seus dispositivos.

Depois, o som particular da manivela girando antecipa a imagem da mão em movimento e começa, como não poderia ser de outro modo, pela projeção do filme *CHEGADA DE UM TREM EM LA CIOTAT (FRANCE)*,[34] escrito com letras em caixa-alta, a seguir: *Lumière nro 653* e, no canto inferior direito, *Association Frères Lumière*. De um plano geral, um minúsculo trem aparece pela direita do horizonte e vai até o primeiríssimo plano, renovando a emoção pelo que significou, mas também pela imensa intuição cinematográfica que revela.

A estrutura do filme é dada por três perguntas que alternam o processo e a produção dos planos e o lúdico da proposta fica explícito no primeiro cartaz:

O JOGO
100 anos depois dos irmãos Lumière
40 realizadores gravam com o cinematógrafo[35]

A primeira pergunta é: "Por que aceitou filmar com o cinematógrafo?"

Para Patrice Laconte, a proposta de filmar com o cinematógrafo significou "gravar a diferença", então, ele volta à Estação de *La Ciotat* e filma a

---

[34] *L'arrivée d'un train en Gare de la Ciotat (France).*
[35] *Le jeu. 100 ans après les frères Lumière 40 réalisateurs tournent avec le Cinématographe.*

chegada do trem, no mesmo lugar que 100 anos atrás o fizeram os Lumière. Uma folha de papel que está na plataforma voa até sair do enquadramento com a velocidade do trem, que demora escassos segundos para deixar o plano novamente vazio.

Algumas das outras respostas foram: "Quando um diretor escuta a palavra 'imitação', se emociona porque é um desafio", diz Gabriel Axel; "Não sei, por curiosidade", diz Theo Angelopoulos; "Por brincar, como alguns colegas que têm querido brincar", fala Claude Miller; "Havia algo em tudo isto de alegria e melancolia. Não tardei muito em me decidir, mas, repito, sem motivos sérios", afirma Lucian Pintilie; "Pelo reto", Raymond Depardon; "Porque sou uma pessoa muito agradecida, sobretudo aos irmãos Lumière", Claude Lelouch; "Nunca a tinha visto funcionar e queria fazê-la funcionar [...]", coloca Jacques Rivette; "Gosto de filmar assim, com uma câmera tão simples e bonita. A câmera dos irmãos Lumière... Para mim, é um privilégio", diz Fernando Trueba; "Para prová-la", Regis Wargnier; "Para lembrar dos irmãos Lumière e para lembrar Hiroshima", Hugh Hudson; "Porque o cinematógrafo é uma relíquia, como o Santo Sudário. Alguns têm diferentes religiões, minha religião é o cinema, por isso queria rodar com esta câmera", Cedrik Klapisch; "Primeiro, pelo prazer, como sempre que aceitamos algo. [...]", afirma Alain Corneau.

Destaco também o trabalho de Gabriel Axel, que filma em um *travelling*, passando por uma representação das artes escultura, literatura, música, pintura, dança, e finalmente chega a uma cena do cinema na qual há um homem com um cinematógrafo filmando um duelo.

A segunda pergunta vem em outro cartaz e diz: Por que filma? Entre as respostas, acredito que são especialmente interessantes: "Essa é uma pergunta pouco modesta. A pergunta não, a resposta. Filmo porque quero ser querido", de Claude Miller; "Filmo porque gosto da subversão", de Merzak Allouache; "Filmo e sigo filmando para suavizar o passo do tempo", de Theo Angelopoulos; "Ao separar sons e música, encaixar tomadas de dois ou cinco segundos... é fabuloso. A questão é contar uma história com os significados do cinema", de Gabriel Axel; "Não penso nisso ou guardo para mim", de Raymond Depardon; "Porque não há nada mais", de Wim Wenders; "Não precisaria mais filmar se soubesse a resposta", de David Lynch; "Para viver", de Regis Wargnier; "Eu amo ver coisas, imaginar coisas e inscrevê-las nos filmes. É o fotograma que tenho na minha mente o que mais desfruto em filmar", de Patrice Leconte; "Produz-me um prazer extraordinário, quase sensual", de Youssef Chahine; "Porque... porque sim", de Idrissa Ouedraogo; "Para mim, fazer filmes é um prazer, mas não o levo muito a sério. É como um jogo, como quando era criança", de Abbas Kiarostami; "Não o sei e não o quero saber. Talvez seja pelo prazer que me produz, que é quase um êxtase, quando estou com o público assistindo aos meus filmes", de Costa Gravas; "Creio que é uma forma de obsessão. A obsessão significa perder toda racionalidade. Quando não podes explicar, continuas filmando para provar e pesquisar o porquê. Não posso dar nenhuma resposta coerente", de Alain Corneau; "Não lhe perguntes a uma centopeia porque anda, que ela tropeçará", de Michael Haneken; "Para sobreviver, é a maneira mais eficaz de sobreviver. Não conheço outra maneira de fazê-lo", de Lucian; "Para entender as pessoas", de Lasse Hallström; "A resposta não pode ser outra que um longo silêncio", de Jacques Rivette.

Curiosamente, vários cineastas escolheram crianças como personagens dos seus pequenos filmes. Claude Miller filma uma pequena menina que quer se pesar numa balança que está disponível em um parque público e os adultos que passam pelo lugar, dos mais diversos tipos, não a deixam, tiram-na da balança para eles mesmos poderem se pesar, ela bate no traseiro de todos com sua pequena mala e muitos deles reclamam com gesto moralizante. Até que chega um homem que a carrega nos ombros e, finalmente, sobe na balança com ela. Jacques Rivette, por exemplo, filma *Uma aventura de Ninon*. Nela, uma pequena praça aparece vazia, na frente, um amplo espaço livre e algumas árvores, e faróis atrás; de longe se veem prédios e frondosas árvores. Logo, entra pela esquerda uma menina de uns quatro anos com uma boneca na mão e se dirige para onde está demarcado um jogo de amarelinha e começa a pular. No mesmo momento, entra um homem lendo um jornal pela direita do quadro e, na parte de trás, entra uma mulher patinando com um abajur embrulhado na mão. Eles se entrecruzam, a mulher entra e sai do enquadramento fazendo círculos ao redor da menina. A boneca cai duas vezes da mão da menina quando ela pula, ela abaixa e a pega. O homem continua indo e voltando em linha reta lendo seu jornal, até que em um momento a mulher o atropela, ficando com o jornal e o homem, com o abajur. Ao trocar os objetos, parte do jornal cai da mão, e ela abaixa várias vezes até levantar todas as páginas e depois se despede da menina dando "tchau" e saindo do enquadramento em direção à direita, bem próxima da câmera. O homem fica no centro, olhando para o jornal e para a mulher, surpreso. Depois de rodar, Jacques Rivette comenta: "Normalmente, tem que cortar, mas aqui tem que alongar..." gargalhadas. "[...] é demasiado curta! Não consigo fazer um filme suficientemente longo!" Talvez possa ser lido como uma homenagem à *Nouvelle Vague*. Raymond Depardon filma seus filhos, que querem ver a câmera Lumière, cantando uma melodia e subindo em uma escada para colocar um boné em uma escultura. Lasse Hallström, de Estocolmo, filma uma mulher com um bebê se despedindo de um trem que parte e logo voltam para a câmera. Costa Gravas faz um enquadramento em que alguns jovens e crianças chegam até uma barreira de contenção de pessoas – do tipo daquelas que se colocam nas ruas quando há desfiles – e, cada vez mais e mais crianças e jovens de aspectos bem diferentes vão chegando, curiosas, olhando para o cinematógrafo. Spike Lee filma seu filho e pede para ele dizer "papai". O bebê olha para o pai, e balbucia, tímido.

Algumas respostas à terceira pergunta, que é: O cinema é mortal?

"Pois é, como tudo", diz Michael Haneke; "Desafortunadamente", responde Francis Girod; "Já que a imaginação e a memória existem, a gente tentará lembrar e gravar a memória de alguma maneira", diz Gaston Kabore; "As histórias não desaparecerão. A necessidade de ver e ouvir histórias não desaparecerá", Wim Wenders; "Não sou um místico neste tema. Creio que o cinema é uma forma de expressão como outras antes. Não é mais nem menos mortal", Alain Corneau; "Histórias são imortais, trata-se de uma condição humana de fazer histórias; assim, de alguma maneira, o cinema nunca irá morrer", David Lynch; "Talvez o cinema esteja velho ou envelhecendo. Não me importa. Às vezes, os velhos são mais lindos que os jovens", Fernando Trueba; "Creio que sim, é como a memória", Regis Wargnier; "O cinema só irá morrer, se você o deixar morrer", Hughs Hudson; "Impossível, para começar, não creio na morte e muito menos para o cinema. Impossível!", diz Claude Lelouch; "O cinema é mortal. Melhor assim, porque devemos desfrutar mais do mortal", Patrice Laconte; "Onde há nascimento, também há morte. Ele pode morrer um dia", Kiju Yoshida; "É mortal? Queres dizer imortal?", Gabriel Axel; "Não creio que o cinema seja mortal. Creio que tem um futuro longo. É um espetáculo fantástico", diz Raymond Depardon.

Outro grupo de cineastas faz homenagens a pessoas ou datas. Regis Wargnier, de Paris, filma um parque, onde duas fileiras de árvores demarcam as linhas esquerda e direita do plano. François Miterrand, vestido com um terno branco, entra no meio do caminho e vira em direção à câmera. Uma voz em *off* diz: "Uma última pergunta Sr. Presidente. Que imagem do cinema lhe vem à sua mente, sem pensar?". Miterrand responde: "Esqueci o título. Um filme húngaro, com pessoas dançando... nunca esquecerei essa imagem. Igual ao filme sobre Molière, de Ariane Mnouchikine. Ao final, quando levam seu corpo... é uma sequência que, para mim, é a cúspide da arte no cinema. Comoveu-me muito". Michael Haneke filma extratos de um jornal de TV de 19 de março de 1995, comemorando o aniversário do centenário do dia da primeira filmagem em 19 de março de 1895. As imagens trazem armas, bombas, mísseis, políticos, música, esportes, clima/tempo. Liv Ullman faz um filme em homenagem ao *cameraman* Sven Nykvist, e Helma Sanderes faz sua homenagem a Louis Couchet, técnico de iluminação desde 1931. Ele aparece iluminando um cenário em locação externa, ao som de uma sinfonia e de repente se volta com todos os refletores para o cinematógrafo, deslumbrando-nos e deixando a tela absolutamente branca.

Outros fazem do minuto uma discussão sobre questões históricas, sociais, políticas. Merzak Allouache de Aubervilliers apresenta um minuto intitulado *Proibido* "camarear". E conta que na Argélia inventaram esse verbo novo: "camarear". O minuto começa com um enquadramento de um casal que vem em direção à câmera e segue em frente até desaparecer pela margem direita mais próxima. Na margem esquerda do enquadramento, um objeto sinuoso que possui um espelho no interior deforma a imagem de quem está filmando com o cinematógrafo. A mulher veste um elegante vestido brilhante, típico, e leva a cabeça bem coberta; o homem se veste formalmente e contrasta a seriedade do terno com seu enorme bigode e com um boné. A mulher volta a olhar para a câmera, com curiosidade. O homem também retorna e a empurra, para ficar apenas ele no enquadramento. Joga fora seu cigarro e começa a arrumar seus bigodes enquanto olha para a câmera, apostando no seu poder sedutor. A forma de relação dos homens com as mulheres de milhares de anos desse país fica impressa em poucos segundos. Fernando Trueba filma em Zaragoza, um dos tantos jovens presos espanhóis, que pagam pena por negar-se a fazer o serviço militar obrigatório. A pena é de cinco anos. Ele diz: "Um dia na vida de um objetor de consciência, o escritor Félix Romero. Cada manhã, sai da prisão e, à noite, retorna. Quero que este filme seja uma testemunha". Hugh Hudson, de Hiroshima, filma crianças vestidas com seus uniformes escolares, ao visitarem alguma placa em homenagem aos soldados abatidos na guerra. Com a mesma marca, Kiju Yoshida afirma: "As pessoas tendem a crer que o cinema pode descrever tudo o que passa no mundo, inclusive o universo cósmico, como na ficção. Pelo contrário, eu creio que não se pode rodar qualquer imagem. Isso é o que tentarei mostrar a vocês. No filme, aparecem os vestígios de uma construção atingida durante a guerra. O plano transmite ausência e, ao mesmo tempo, algo de insuportável e eterno. Ele se pergunta: "O cinema pode descrever a imagem de um instante há 50 anos? É totalmente impossível. Se tivéssemos rodado então, a câmera e eu teríamos sido destruídos pela bomba atômica. Não devemos ser presunçosos. O cinema não pode descrever tudo. Tenha em mente essa realidade. Temos que pensar no papel que o cinema pode ter de agora em diante". Jerry Schatzberg, de Nova York, filma um bairro da periferia, ao som de um *blues*, focando um caminhão de lixo e uma mulher que chega com um carrinho de supermercado tirando coisas do caminhão de lixo e pegando-as, para levá-las, enquanto reclama.

Em outros, o protagonismo parece estar no próprio espaço: Zang Yimou filma, na Grande Muralha da China, um casal antigo dançando com roupas típicas. Depois do corte, o casal tira as roupas e transforma-se em dois jovens roqueiros que dançam loucamente e saem da cena correndo pela Muralha, enlouquecidos com a guitarra. Wim Wenders filma sua Berlin cinza, protegida pelos anjos Damiel e Cassiel. Nadine Trintang conta o tempo no relógio, e coloca o cinematógrafo em cima de uma cadeira de rodas. Ela filma o Museu do Louvre, fazendo uma tomada da fonte espirrando água em um dia muito quente em que alguns dos seus visitantes passam entre os jatos de água para se refrescar. Lucian Pintilie filma um grupo de pessoas acompanhando um insólito casamento de um jovem casal na Romênia, que corre em direção a um helicóptero que decola de um campo de esportes. Ao sair, ele nos deixa ver uma parte da tribuna cheia de pessoas como se fossem torcedores de um jogo. Vicente Aranda, de Barcelona, filma um desfile popular, trazendo ao nosso imaginário o que seria uma escolha dos operadores Lumière rodando pelo mundo. Nesse sentido, Youssef Chahine parece querer retratar os próprios operadores filmando as pirâmides do Egito, e sofrendo agressões dos nativos, que destroem completamente o cinematógrafo, como provavelmente aconteceu em alguns casos. Para afirmar o choque cultural, o cartaz que apresenta o filme diz: "Começa a censura! O cinema é pecado".

Outro grupo filmou o amor, em destaque. Emociona o trabalho de Jaco Van Dormael, de Bruxelas, no qual dois jovens com Síndrome de Down, em primeiro plano, olham para a câmera durante alguns segundos, depois se olham entre si, sorriem e se beijam. Uma sucessão de beijos e carícias com as mãos nos rostos, troca de olhares e mimos em suas testas, que terminam em um longo beijo na boca, para depois olharem novamente surpresos para a câmera, sorrindo para o espectador que se torna cúmplice do romance. Claude Lelouch, também, filma um casal apaixonado se beijando sobre um grande platô de madeira girando, e deixa ver na parte de trás, rodeando o platô, diversos formatos de câmeras: de um cinematógrafo, evoluindo para diversos tipos de câmeras até chegar as mais modernas, digitais. Enquanto filma, girando a manivela, grita: "Mais paixão, mais paixão!" Cedrik Klapisch filma um casal que se encontra em um cenário e ao som de uma ária de *Carmen* e a mulher perde as forças em seus braços, mas ele a segura para logo voltar a ficar em pé e, no final, se beijam.

Outros planos recriam citações de *O regador regado*.³⁶ Gaston Kabore reedita um episódio cômico, fazendo com que um crocodilo falso assuste um homem que vai tomar banho de rio. Uma vez descoberto, o persegue em círculos para batê-lo como no *Regador regado*. Outro deles captura um grupo de jovens fingindo serem filmados. Eles encontram um carro cheio de películas e começam a espionar os fotogramas, até que aparece uma autoridade e os manda descarregar os rolos do carro e levá-los para dentro da sala de cinema.

Abbas Kiarostami, impossível de ser enquadrado em qualquer classificação, filma dois ovos sendo fritados em um pouco de manteiga, enquanto uma mulher deixa um recado em uma secretária eletrônica.

Contar partes desse filme não deixa espaço para exíguos comentários. Ele se comenta a si mesmo pela viagem que realiza desde o nascimento do cinema até os albores do século XXI, surpreendendo pela diversidade de respostas e de filmagens, tornando-se um documentário pedagogicamente poético da história, do presente ou do devir da potência do cinematógrafo.

Para finalizar...

Então, o que aprendemos quando fazemos um Minuto Lumière?

O Minuto Lumière esconde um gesto democrático na sua prática. Ele permite ao autor, que vira criança ou primeiro cineasta, cada vez, poder filmar algo do que acontece no mundo, com uma margem de liberdade que se escorre entre as regras de deixar a câmera parada e filmar até 60 segundos. Cada um faz uma escolha para filmar um fragmento da realidade – que é também uma escolha ética e política –, mas também é uma escolha que nos revela algo do que ele imagina dessa realidade – como diz Langlois de Lumière na entrevista. Penso que essa versatilidade fica explícita na experiência com pessoas de diferentes idades, em contextos absolutamente diversos (eventos, aulas, seminários, oficinas, etc.), em países absolutamente distantes, tendo como denominador comum o efeito surpreendente em quem produz. A sensação de autoria e de criação atrela uma emoção forte. Tímida e modesta, ela materializa alguma forma de intervir na produção da cultura e de sentir que aquilo tem um valor para si e para o entorno imediato (colegas, professores, familiares) e ainda alguma possibilidade de ecoar para

---

[36] *L'arroseur arrosé*, título original em francês – filme n. 99. Se quiser ver ou rever esse filme, confira em: <http://youtu.be/8mO6KaxII4Y/>. Acesso em: 11 mar. 2013.

além dos muros da escola em festivais ou "subindo" (*uploading*) os minutos na internet (*Vimeo, YouTube*, etc.). O valor está dado, para Bergala (2006), pelo gesto de restauração da primeira vez do cinema.

Essa prática combina, também, uma vivência particular de autoria e alteridade, permitindo a quem o realiza fazer um processo individual e completar o ciclo na visualização coletiva do processo. A plasticidade de sua natureza tem a capacidade de atravessar de algum modo o tempo e os espaços diferentes. Assim, entendemos que essa intensidade que sentimos ao filmar um minuto hoje (retendo o hálito, como quer Bergala) conserva algo da emoção daquelas primeiras filmagens, algo que mistura expectativa, surpresa. Se ver os espaços filmados causa um estranhamento, não é menor aquele causado pela duração do tempo. O tempo só pode ser representado pelos relógios de Dali, tamanha sua assimetria e desigualdade nos idênticos 60 segundos.

Esta é uma proposta simples – que entendemos como grau superior da sofisticação –, que ilustra a potência pedagógica do cinema e inspira outras atividades a serem realizadas com crianças na escola. Para conseguir fazer um plano original, é preciso mergulhar nos sonhos e devaneios, mas de olhos abertos, olhando para o entorno imediato, como condição necessária, como diz Luis Buñuel (1982, p. 127):

> Se me dissessem: restam-lhe vinte anos de vida, o que quer fazer das vinte e quatro horas de cada um dos dias que vai viver? Eu responderia: dê-me duas horas de vida ativa e vinte e duas horas de sonhos, contanto que possa lembrar-me destes – porque os sonhos só existem através da memória que os alimenta. [...] Esse amor louco pelo sonho, pelo prazer de sonhar, totalmente desprovido de qualquer tentativa de explicação, é uma das atrações profundas que me aproximaram do surrealismo.

Nossos sonhos se constituem das coisas mais simples e singelas do real, as espelham e transformam. Daí que seja tão importante sonhar, é condição de toda mudança. Quiçá, uma das reflexões mais curiosas de toda essa experiência é a que surge do fato de Louis Lumière ter apenas 17 anos quando inventou o cinematógrafo. Por que hoje, nossas crianças e jovens são tratados apenas como "potências" em estado de devir? Graças aos Lumière, a fotografia conseguiu sair do lugar reservado a cientistas e especialistas, para as mãos de amadores. Só precisam da crença do adulto para fazer. Para Jean Renoir, há alguma espécie de identificação natural das crianças com o cinema. Algo, assim, como uma compreensão que celebra um tratado realizado *a priori* entre eles, sem testemunhas.

Capítulo 5

Por que criar escolas de cinema em escolas públicas?[37]

> *Um Cão andaluz (1929)*
> *Esse filme nasceu do encontro de dois sonhos. Chegando à casa de Dalí, em Figueras, onde fora convidado para passar alguns dias, contei-lhe que sonhara recentemente com uma nuvem fina cortando a lua e uma navalha fendendo um olho. Por sua vez, ele me contou que acabava de ver, em sonhos, na noite anterior, uma mão cheia de formigas. Acrescentou: "E se fizéssemos um filme a partir disso?"*
> Luis Buñuel, 1982, p. 142.

Por que não fazer um filme a partir da união de dois sonhos? Seria esta uma possibilidade que caberia em uma escola de cinema de alguma escola pública, por exemplo? Ainda continuo me perguntando. Ao me questionar sobre o título deste capítulo, a primeira resposta que me ocorreu – supondo que a resposta conservasse viva a pergunta dentro dela – seria a possibilidade de garantir um tempo e um espaço para cuidar dos sonhos das crianças. Alimentá-los, transformá-los. Levá-los a sério. Abrir, na escola, alguma porta para o irracional, para dar asas à imaginação sem tentar procurar saber o porquê das coisas, parece-me algo necessário. É fato que podemos escrever, pintar, dramatizar ou até dançar nossos sonhos, mas entendo

---

[37] Este capítulo reúne reflexões apresentadas nas reuniões da Sociedade Brasileira de Estudos de Cinema e Audiovisual (SOCINE), em 2011 e 2012.

que o cinema tem uma linguagem que incorpora o onírico, que permite multiplicar as possibilidades de contá-los, alterá-los até, quase, atingir sua realização. O "quase" garante que continuem a ser sonhos, pela força direcional que eles têm sobre nossas ações acordadas. Necessário também me parece espelhar, através do processo que pressupõe a elaboração de um pequeno filme, ou de um exercício, a riqueza imaginativa oculta na vida aparentemente convencional dos estudantes e professores: "Qualquer filme é menos imaginativo que o dia a dia de qualquer um", diz Godard (1989, p. 46). Gestar uma forma de olhar de novo para as próprias vidas, com olhos de sonho, resgata o extraordinário no familiar.

Para Glauber Rocha, bastava ter uma câmera na mão e uma ideia na cabeça para fazer cinema. Ninguém poderia negar a expressiva concomitância dessa dualidade nas crianças, hoje. Godard (2006) é tão entusiasta que, inclusive, considera que gostar de cinema já é aprender a fazê-lo. Para ele, "assistir e fazer" caminham juntos na longa viagem de uma realização cinematográfica. Ele mesmo faz parte de um grupo de cineastas que se formou na interação com a cinemateca. Para eles, essa experiência, as descobertas, o prazer das sensações produzidas e o deslumbramento provocado pelos filmes era o principal motor para fazer cinema.

O desafio colocado aqui não é, precisamente, como atravessar as *Redes e paredes* (d)*a escola em tempos de dispersão*, como se pergunta Paula Sibilia, diante da hipótese de a escola ter ficado obsoleta em nossos dias. Este e outros brilhantes trabalhos recentes[38] fazem reflexões sobre essa premissa, que presume uma relação assíncrona entre os novos saberes, dos quais os jovens aparentemente se apropriam, sem mediação pedagógica alguma, e uma escola que continua a perpetuar antigos modos de ensinar. Também não se trata das transformações que hoje deveriam mudar nessa escola para poder interessar o desejo de saber dos jovens. Para Inés Dussel (2012, p. 183-213), o mito dos "nativos digitais" (PRENSKI, 2001, p. 1-6) (mito de que crianças e jovens já nascem com "chips" incorporados ou de serem nativos digitais, e de as escolas terem que se esforçar para se adaptar, a fim de recebê-los) parece estar sendo bastante questionado por pesquisadores. Já se encontram evidências da falta de interesse e produção de conhecimentos, quando os meios não são utilizados, desafiando os processos de busca e a relação entre os saberes pesquisados. Segundo o diálogo do Dussel com Thomas (2011), o conceito de "nativos digitais" parece excluir o mundo adulto como parte desse

---

[38] Sobre comunicação e educação, sugiro os textos divulgados no GT 16 de Comunicação e Educação na ANPED.

movimento de novas visualidades, e isso significa limitar as possibilidades de enriquecer o uso da tecnologia, que muda permanentemente. Sequer se trata de uma alternativa de educação reinventada, como propõe o fundador da Kahn Academy (KAHN, 2013). Hoje milhares de alunos de todo o mundo, inclusive brasileiros de algumas escolas-piloto, já testam a proposta de aprender pela internet, consultando vídeos gravados por um professor que fala com entusiasmo, algo de humor e de um modo bastante criativo, para "ensinar" como acontece o processo de fotossínteses, ou desenvolve um câncer ou resolver desafios de química, física e matemática. Não discordamos radicalmente da crítica que o autor faz acerca das dificuldades que a educação encontra hoje, marchando através de grades curriculares pouco flexíveis, cujos conteúdos fragmentados dificilmente dialogam entre si, em aulas que estão menos voltadas para a aprendizagem do que para o preenchimento dos requisitos das avaliações que os governos propõem, visando a índices de rendimento acadêmico. As videoaulas, tão bem recebidas pelas fundações e pelos governos de um modo geral, podem contribuir de fato com a instrução, mas elas omitem duas questões essenciais na experiência de aprender/ensinar: a relação afetiva/efetiva professor-aluno e a possibilidade de acompanhar o encontro direto do aprendente/espectador com o conhecimento, com o mundo, consigo mesmo, visando a formas de autonomia e emancipação intelectual. Aprender, às vezes, "com" vídeos disponíveis na internet pode ser interessante, como mais uma alternativa de "instrumentos ou ferramentas pedagógicas". Acreditamos que videoaulas acabam parecendo messiânicas, dado o estado de agonia da educação hoje. Mas muitas são as dúvidas que elas nos geram: videoaulas levam em consideração alguma forma de autonomia para a leitura autoral das fontes? Ou das possibilidades autorais de produção de conhecimento? Que novos conflitos essa metodologia produz?

Em nossa proposta, neste livro em particular, a pergunta acerca de criar escolas de cinema não significaria uma forma de resposta ao impasse que as tecnologias oferecem à sala de aula, embora poderia ser uma delas, das mais alternativas, provavelmente. Aqui, apenas queremos pensar por que ou para que criaríamos escolas de cinema nas escolas públicas. Que tipo de relações elas possibilitam? Isso tem uma especificidade dada pelo próprio fazer, pelas cores, formas e sons de sua matéria-prima. Não é um problema de distinção de importância ou de qualidade do fazer, apenas uma abordagem específica a ser estudada seguindo as pegadas dos que fazem cinema, porque o que nos interessa é o processo de criação cinematográfica e o que ele nos traz/leva da vida para dentro/fora da escola. Portanto, neste texto todo, as referências dos cineastas balizam predominantemente o caminho.

Por exemplo, Godard (2006, p. 243) nos anima a filmar, simplesmente. Seu conselho é direto: "Pegue a câmera, faça um ensaio e mostre para alguém". Ele recomenda, então, que se observem as reações dessa pessoa e que se continue o processo em outro filme. Contar o seu dia de uma forma, de outra; inventar uma maneira diferente. Ele está convencido de que sempre existem outros jeitos de contar; de tornar algo interessante. Interessante é filmar a partir de uma atração pessoal por algo que se desconhece, que não compreende bem, mas que o atrai e que gera um certo sentimento abstrato ou, como ele mesmo diz, "uma necessidade". Filmar, verificar do que se trata, sob o risco de recuar ou mudar radicalmente as coisas. Somente no fim, ele consegue averiguar se a intuição era exata, em uma espécie de obrigação quase sadia para concluir o iniciado (COUTINHO, 2007, p. 84-101, entrevista com Alain Bergala).

Sem dúvida, toda a obra de Bergala está permeada pelos princípios e pela pedagogia godardiana de um modo geral. Ao pensar a entrada do cinema na escola como gesto de alteridade, pelo estranhamento que o ato criativo propõe, Bergala (2006) está nos apontando um modo muito específico de pensar o fazer, que perde importância no que diz respeito ao domínio da tecnologia, em prol do "fazer diferente" no ato de criar imagens e sons. Uma forma de aprender cinema vendo e fazendo. Isto traz, de cada aluno, sua capacidade mais radicalmente pessoal de criação para o encontro e descoberta do outro no cenário escolar. Isto é, o fazer tem, por um lado, a dimensão criativa fortemente individual e, de outro lado, o encontro, tanto na realização, como na fruição, que tenciona fortemente o individual com o coletivo. Quando perguntamos a Bergala sobre as palavras que queria escolher para o abecedário com a letra C, ele escolheu "coletivo", justamente, para fazer uma reflexão sobre esta questão:

> Coletivo. Há uma ideia que corre por aí, uma ideia absolutamente falsa, que diz que o cinema seria uma arte coletiva. Isto é, confunde-se, em geral, o fato de que, para se fazer um filme, é preciso uma equipe com muitas pessoas, como se a criação não fosse de uma única pessoa. Mas uma criação coletiva? É evidentemente louco, isto é, no cinema, há muitas pessoas que trabalham no filme, mas apenas uma tem o filme na cabeça. Há apenas uma que, quando ela faz um plano, sabe como este plano depois vai voltar no filme. É o que ela procura. Isto quer dizer que a organização de uma filmagem profissional, na realidade, é como um exército muito rígido. Tem aquele que dá as ordens, que reflete, que tem o filme na cabeça, que é o diretor. E em seguida, as pessoas que estão a serviço do filme. Mas é o oposto de uma criação coletiva. Em uma criação coletiva,

cada um traz escolhas e criação em um sentido mais forte. Há, evidentemente, uma parte de criação, o câmera, o iluminador, eles participam da criação. Porém, na realidade, no ato de criação, apenas uma pessoa tem o filme na cabeça: o diretor. Ninguém além dele, no *set*, sabe exatamente qual o filme está na cabeça do realizador. Isto traz muitos problemas em situações pedagógicas. Essa questão do cinema que seria, supostamente, uma arte coletiva, traz muitos problemas, quando se faz cinema, em contexto escolar. Quando crianças ou adolescentes fazem um filme... Porque, se ninguém toma as decisões, se ninguém tem as escolhas na cabeça, não é um filme. Para que seja um filme, é preciso que alguém, ao menos para cada plano, faça as escolhas. Uma pessoa fará isso. As escolhas não podem ser coletivas. Senão, faz-se um filme banal, senão faz-se um filme mediano. Se as escolhas são feitas inteiramente por um grupo. Um grupo não pode ter ideias um pouco fortes, um pouco pessoais. Então, é muito difícil na escola. A melhor solução é confiar, em um determinado momento, todas as escolhas a um aluno. Mas para um plano, para uma cena. Depois, será outro aluno e depois outro aluno. No entanto, é muito importante que em um determinado momento, mesmo em um filme restrito ao meio escolar, alguém decida as escolhas (BERGALA, 2012).

E nesse sentido, é muito importante que os alunos possam passar por todos os papéis (diretor, ator, produtor, assistente, etc.). As escolhas que diluem o pessoal, o subjetivo, perdem intensidade. É dessa força, da forma de ver o mundo, que o filme toma os detalhes que fazem toda diferença. Filmar nos obriga a ter, ao mesmo tempo, uma relação flexível e perspectiva com o todo, porém obsessiva com cada detalhe. Nos detalhes está toda a diferença.

Ao pensar o professor como "passador", Bergala está implicitamente nos falando dos deveres do diretor que sugere Godard (2006). Correndo o risco de prescrever, vou pensar esses deveres como algo comum ao cineasta e ao ensinante/aprendente. O primeiro é o dever de aprofundar, de estar em perpétuo estado de busca, o que não significa abrir mão da possibilidade de fascinar-se. O segundo é o desejo de ver sempre algum filme que o abale; tamanha sua qualidade, ele cria um sentimento de que precisa fazer algo melhor da próxima vez (o que não é inveja, já que belos filmes são uma experiência constitutiva para os amantes do cinema). O terceiro dever do diretor é se perguntar por que está fazendo um filme e não se contentar com a primeira resposta.

O filme é o produto de uma busca, não a transmissão de uma verdade ou mensagem. É na busca que se faz arte. É na busca que se aprende, ensinando. O permanente estado de busca de um educador significa estar sempre em uma travessia junto ao outro. É preciso vencer a inércia do saber pronto, concluído;

daquele saber que só pode ser "ensinado", mas que carece de toda novidade, mistério e participação na sua construção. A busca deve ser fascinante, já que a fruição das descobertas produz novos motivos de busca e investigação.

O segundo dever de todo diretor/professor nos traz à tona o desejo, esse desejo de ver sempre algo melhor, de descobrir algo muito superior ao que já fomos capazes de produzir, pensar e fazer. E, nessa descoberta, admitir que o outro, sempre, significa um potencial de aprendizagem e de alargamento do nosso horizonte, para a produção de conhecimento e para a criação. A compreensão de que o outro sempre poderá nos surpreender refresca um gesto de modéstia, oposto à inveja; ele nasce do fascínio, do alimento que significa seu próprio objeto (seja, no caso, um filme, para o diretor; ou uma experiência pedagógica bem sucedida, para um professor).

Finalmente, questionar-se sobre o seu fazer, sem ficar satisfeito com a primeira resposta faz com que artistas e educadores partilhem um modo semelhante de ver o processo e de estar disponível para os desvios que o caminho traga na busca do processo criativo. De fato, tanto o diretor de cinema como o educador precisam criar e fazer criar. Por isso, os deveres apresentados por Godard (2006) não constituem, para mim, "prescrições", e sim possíveis caminhos de busca, riscos e desvios, já que nunca se tratará de uma simples transmissão de saberes e práticas.

Criar escolas de cinema nas escolas públicas é uma proposta de introdução à experiência do cinema por crianças, jovens e professores, em contexto escolar, que parte da impossibilidade de subestimar a capacidade cognitiva e criativa dos apredentes/ensinantes e ensinantes/aprendentes, visando fazer da aula (nesse caso, de cinema) um processo de emancipação intelectual. A escola já não é mais o lugar onde civilizar ou disciplinar sujeitos aprendentes e é, certamente, cada vez menos, um espaço de instrução como estrita transmissão de uma geração a outra. Hoje emerge um outro panorama e uma outra urgência para lidar com um conhecimento fluido, capilarizado, acessível, que circula através de pontes presenciais e virtuais entre os atores sociais: professores, estudantes, pesquisadores, cidadãos comuns, cujas potências sensíveis e intelectuais se comunicam como uma experiência simultânea de tradução, emancipação e alteridade. Daquela função social germinal da escola, moralizante, disciplinadora, instrucional, que configurou modos formatados de aprender o mundo, percebemos uma transformação que deixa em relevo seu valor como espaço de comunicação e troca de aventuras intelectuais, afetivas e sensíveis. O avanço da tecnologia, as mídias sociais, a espetacularização de uma sociedade de nativos digitais desloca o lugar da escola como o cenário para coconstruir conhecimentos e afetos, reversibilizar as funções de aprender e ensinar com o outro social (professor/estudantes), numa interação com o mundo que não está aí como matéria, mas como potência de reinvenção. O conhecimento se produz, assim, em *fricção* com o mundo (COMOLLI, 2008). Vamos pensar juntos possibilidades e desdobramentos desta hipótese.

Fazer cinema na escola: do (in)visível ao visível

> *Com o tempo, percebi que, para mim, o cinema foi mais do que um refúgio.*
> FRANÇOIS TRUFFAUT, 1990, p. 19.

> *As crianças sentem um prazer especial em se esconder.*
> GIORGIO AGAMBEN, 2001, p. 19

Entendemos o imaginário de uma escola de cinema em contexto escolar como um refúgio ou um esconderijo para fazer outra experiência de aprendizagem e onde se possa, também, pesquisar práticas de produção audiovisual com referências no cinema. Ela não tem pretensões de desvendar futuros talentos artísticos, nem de vislumbrar modelos curriculares de como aprender cinema na escola. A escola de cinema aqui pensada espera propiciar às crianças e jovens uma experiência de aprender uma arte, como diz Agamben (2001, p. 19), a respeito de elas se esconderem:

> Há, no próprio fato de ficarem escondidas, no ato de se refugiarem na cesta de roupa ou no fundo de um armário, no de se encolherem num canto do sótão até quase desaparecer uma alegria incomparável, uma palpitação especial, a que não estão dispostas a renunciar por nenhum motivo.

É algo disso que pretendemos produzir nas vivências da escola de cinema, uma emoção, uma busca, um invento. Algo que aproxime os alunos dessa arte e ao mesmo tempo provoque um encontro surpreendente com o mundo e com o mais íntimo de sua infância através das câmeras. Benjamin (2005, p. 107) tinha nos falado sobre essa criança escondida que já conhece todos os esconderijos da casa e retorna a eles como a um lar onde se está seguro de encontrar tudo como antes: "[...] o coração palpita-lhe, ela prende a respiração. Aqui ela está encerrada no mundo material. Este mundo torna-se extraordinariamente nítido para ela, acerca-se dela em silêncio".

Quando uma criança ou jovem filma, em silêncio e com atenção, se acerca do mundo e o mundo se aproxima dele/a. Mas não se trata desse mundo que está aí, pronto, esperando ser filmado. Ele se transforma no instante em que é recortado com a câmera, inventando-o e significando-o no próprio ato da captura e da edição das imagens. Trata-se de um processo que tem algo de aventura pelo desvendamento do invisível oculto no visível.

Em uma época em que até o esconde-esconde da Atenas de Péricles está em vias de extinção, na qual os jogos como a infância são uma "espécie ameaçada" (POSTMAN, 1999, p. 18), fazer experiências de cinema na escola aparece como uma chance de restauração, um gesto para fazer involuir essa agonia. Ou quiçá, uma possibilidade de essas crianças e adolescentes se tornarem visíveis, fazendo algo escondidos. Talvez, tornar visível as próprias vidas constitua hoje uma máxima de popularidade e *status* entre adolescentes e crianças. Eles participam ativamente das redes sociais, postando álbuns inteiros e fotografias, sem qualquer preocupação com a preservação da intimidade. Porém, nem as possibilidades de a internet e suas redes têm minado a magia do encantamento de estarem escondidos, no fundo do quintal, na casinha, ou em uma sala de aula planejando ou montando um filme. A possibilidade de *ver filmes* que pouco provavelmente assistiriam com sua turma de pares é, também, quase um segredo. Um segredo coletivo, sim, desse grupo que quer aprender cinema, mas algo suficientemente clandestino para não arriscar a própria imagem. *Produzir,* então? Inventar planos diferentes, arriscar nos enquadramentos, na hora de filmar e na disposição dos planos na montagem até ficar algo que surpreenda pressupõe o silêncio e a cumplicidade do pequeno grupo e da porta fechada da sala. "O silêncio, depois de uma fala, é a coisa mais linda que há", afirma Coutinho (*in* BRAGANÇA, 2008, p. 64). Esse ensaio de intimidade não significa que a filmagem não possa acontecer no pátio ou em uma praça pública, nem impede que o pequeno curta-metragem ou o exercício, depois, venha a participar de festivais ou a ser postado em um *site* de livre acesso, se o grupo quiser. O importante é o caráter oculto do processo, que lembra a tensão da alegria contida de quem organiza uma festa surpresa ou, de novo, de quem está escondido dentro de um armário contendo a respiração. O mais importante é manter o sigilo, que, tácito, sequer combinado, faz com que o grupo experimente a intensidade do silêncio que espera surpreender.

Fazer cinema na escola, preferencialmente fora da grade curricular, com alunos e professores que se reúnem simplesmente porque assim o desejam, é uma forma de estar escondido para aprender. Lembra algo da *felicidade clandestina* da Clarice, essa emoção de se balançar na rede com o livro da colega no colo, aberto, sem tocá-lo, em "êxtase puríssimo" (LISPECTOR, 1998, p. 12). A felicidade sempre seria clandestina para Clarice.

Quem sabe, dessa experiência possamos desaprender a felicidade pública do sucesso e da fama que aprendemos assistindo TV?

O cinema na escola como gesto lúdico de criação, profanação e emancipação

> *Carta aos meus amigos para aprendermos a fazer cinema juntos*
> *Eu brinco / Você brinca / Nós brincamos / De cinema / Você acredita que existe / Uma regra do jogo / Mas ela não existe /E você acredita então que não existe / Quando existe verdadeiramente / Uma regra do jogo / Mas ela não existe / E você acredita então que não existe / Quando existe verdadeiramente / Uma regra do jogo / Porque você é uma criança / Que não sabe ainda / Que é um jogo e que é / Reservado aos adultos / Dos quais você já faz parte / Porque você esqueceu / Que é uma brincadeira de crianças / Em que ela consiste / Existem várias definições / Eis aqui duas ou três / Olhar-se / No espelho dos outros / Esquecer e saber / Rápida e lentamente / O mundo / Em si mesmo / Pensar e falar / Brincadeira engraçada / É a vida.*
>
> JEAN LUC GODARD[39]

Godard associa, nessa carta/poema, escrita em maio de 1967, o brincar e a regra, o esquecer e o saber, o olhar-se no espelho dos outros, o pensar e o falar, a incerteza, a crença. Poderíamos afirmar que, no poema, estão resumidos todos os princípios e ingredientes para fazer arte. Ele nos convida a aprender brincando, como fazem as crianças, que, simplesmente, brincam. Sua capacidade de "faz de conta" emerge vigorosa, exceto quando são privadas da sua própria infância. No modo irreverente de se relacionar com o mundo, elas são capazes de transformar qualquer objeto em brinquedo. Aliás, tudo o que é velho é susceptível de tornar-se brinquedo (AGAMBEN, 2001). Assim como a miniaturização, que torna um carro, uma cozinha elétrica ou um cavalo em brinquedo, para Walter Benjamin (2005). O cinema, um velho de 117 anos, vira brinquedo quando as crianças o levam a sério e se torna um esconderijo na escola.

Assim, aprender a fazer cinema conjuga o verbo brincar. Remete-nos ao jogo. Existe, também, uma relação de correspondência e de oposição entre jogo e rito (AGAMBEN, 2001). No jogo de bola, por exemplo, podem

---

[39] Publicado em *En attendant Godard*, Éditions Bernard Grasset, 1966. Traduzido por Mário Alves Coutinho, 2011.

ser discernidas as pegadas da representação ritual de um mito no qual os deuses lutavam pela posse do Sol; a roda era um antigo rito matrimonial; os jogos de azar derivam de práticas no oráculo; o pião e as damas eram instrumentos de adivinhação. Para Benjamin (2005), entretanto, os brinquedos – ainda aqueles que não imitam os instrumentos dos adultos – resultam do confronto do adulto com a criança, fundamentalmente. Muitos dos brinquedos mais antigos, tais como bola, arco, roda de penas, pipa, entre outros, foram "impostos às crianças como objetos de culto, os quais só mais tarde, e certamente graças à força da imaginação infantil, transformaram-se em brinquedos" (p. 96). Foram as crianças *in-fantes* (sem fala) ainda, que, sacudindo objetos de culto, inventaram o chocalho, por exemplo. Isto é, "ao brincar, o homem desprende-se do tempo sagrado e o 'esquece' em tempo humano" (AGAMBEN, 2001, p. 101).

Seguindo essa lógica, aprender cinema – como um jogo – poderia vir a profanar algo do sagrado. *Profanar* significa tirar algo do templo onde foi colocado ou retirado inicialmente do uso e da propriedade dos seres humanos. Profanar, então, consiste em tocar no consagrado para libertar (e libertar-se) do sagrado (AGAMBEN, 2001).

E o que é "sagrado" hoje?

O que adquire estatuto de verdade para nossas crianças e adolescentes? Fundamentalmente, aquilo que aparece na TV, o que ganha mais *likes* se postado no *Facebook*, ou aquilo que é mais seguido no *Twitter*, por exemplo. O que uma criança ou adolescente filma quase de modo "sagrado" quando tem uma câmera na mão? Geralmente, algo que parece muito a alguns dos capítulos das novelas ou seriados para crianças e adolescentes de consumo diário. (Quase) inequivocamente. Isto é, frequentemente, as filmagens reproduzem retalhos da opacidade e da mesmice que nos traz cultura do consumo, produto da hegemonia do capital globalizado e legitimado nas mídias.

Propiciar uma experiência de cinema aos mais novos, na escola, pode significar um gesto irreverente de profanação e transformação dos objetos sagrados no ato de enriquecer repertórios, para além dos do mercado. É, também, uma forma de criar, multiplicando possibilidades, inspiração e pesquisa no processo de criação ao introduzir elementos da história e da linguagem do cinema como "limites" que facilitam a imaginação. Para profanar, afirma Agamben (2007), é necessário circular entre a sistematicidade e seu abandono. É disso que tratam as aulas de cinema na escola. Uma pitada de rigor em meio a um abandono de formas e padrões de previsibilidades, daquelas que as crianças fogem com sutil agilidade. A escrita, em si mesma, já é uma proposta profana que transita entre o dizível e ou indizível. Quando a escrita se faz com *stylo-cameras* – como queria Astruc –, as crianças e jovens transformam boa parte das aulas em um movimento (in)consciente entre o visível e o oculto, entre o pronunciável e o impronunciável.

Assim, existe um grande desafio de profanação que pode começar na pedagogia de criação sugerida por Bergala (2006) ao analisar um filme, por exemplo, percorrendo-o criativamente, atento ao que se mostra e ao que se esconde na tela e imaginando possíveis escolhas da própria autoria. Profanar diz respeito ao próprio brincar. Para Benjamin (2005, p. 25), "brincar significa sempre libertação. Rodeadas por um mundo de gigantes, as crianças criam para si, brincando, o pequeno mundo próprio". Mas qual é esse mundo? A restrição do tamanho desse mundo da escola e da casa sem quintal, especialmente das crianças que vivem encaixotadas em apartamentos nas grandes metrópoles, se dilui diante do ilimitado do mundo que entra nos lares através da televisão, do computador, dos *iPads, iPods, iPhones, smartphones*. Porém, os espaços vazios do quintal, o tempo longo e o silêncio hoje estão habitados pela onipresença das imagens, da presença virtual do outro. Sinto falta desse brincar da exploração e da aventura, do contato mais direto com a natureza, do encontro pessoal com o outro, com os grupos. As imagens seduzem as crianças, ou melhor, às vezes as hipnotizam, deixando-as imóveis, receptivas. Através do sofisticado bombardeio imagético – eficazmente orientado por especialistas –, é que a criança aprende que necessita consumir todos esses brinquedos – que hoje ocupam o lugar do brincar. Assim, profanar (o sagrado do consumo) equivale a brincar e brincar significa sempre libertação; algo nos faria pensar que, ao brincar, estamos profanando. Porém, hoje, sabemos que brincar e consumir têm se tornado quase sinônimos.[40] Se a isso somamos a forte identificação com os personagens das novelas e seriados que assinam os brinquedos, veremos como boa parte do que aprendem as crianças nas horas que assistem televisão é que, para ser felizes, deverão ser famosas e ter sucesso. Algo invisível, oculto nas imagens, as obriga a replicar padrões de beleza física, cor de cabelo, penteado, etc. Daí que brincar, simplesmente, não garante a profanação do sagrado da cultura do consumo. Acreditamos que uma experiência de cinema com os pequenos, dentro ou fora da escola, pode constituir – ao menos na mais profunda intenção – um esconderijo para aprender a brincar com a imaginação como principal ferramenta, enriquecendo-a com o próprio cinema, projetando filmes de estéticas, épocas

---

[40] Sugiro assistir ao documentário *Criança, a alma do negócio*, de Stella Renner, Brasil, 2008. Disponível em: <http://youtu.be/49UXEog2fI8/>. Acesso em: 12 mar. 2013.

e gêneros diversos, fazendo um primeiro ensaio de diversificação do gosto e de emancipação do espectador televisual.

Vale esclarecer aqui que não partimos de uma crença ingênua desse cinema – que, visto a partir de algum outro ponto de vista, é também um espaço de *glamour*, regido pela lógica do capital, do perverso dos mecanismos de financiamento e distribuição, etc. –, mas apostamos nas pontes que o cinema nos permite atravessar para olhar para outros tempos, outras culturas, ou para outros modos de estar aqui e agora, revelando algo do processo criativo que consegue esquivar ao sistema, que escapa. Definitivamente, é aquilo que sobrevive e perpetua algumas páginas da diferença. Algo, talvez, menos contaminado, que abre um espaço à (im)possibilidade de "pensar", à falta de "silêncios". Um certo cinema que, mais que dizer, nos faz pensar e nos sacode, ativando nosso próprio acervo de memórias e invenções.

Esse cinema pode ser feito na escola, e pode materializar os sonhos e devaneios das crianças, por exemplo. A partir do relato da travessia de um filme, imaginar que outros enquadramentos poderiam ter sido realizados no primeiro plano, ou escolher um plano para refilmá-lo, alterando completamente a paleta de cores, por exemplo, são gestos pequenos de invenção que devolvem às crianças algo do seu direito à infância. Do direito ou da possibilidade de ver o mundo, imaginá-lo diferente e alterá-lo. Profanar ou brincar, talvez, consista em ver o mundo, imaginá-lo para trans-vê-lo, como quer Manoel de Barros (2010).

Acompanhar crianças fazendo uma experiência lúdica do cinema evoca Rancière (2007) quando fala da língua materna. É como se elas tivessem aprendido algo sobre o fazer imagens e sons como se aprende o próprio idioma. O que ensinamos é outra coisa. É algo que se explica, que pressupõe hierarquias, saberes consumados, e até aprovados por cânones acadêmicos. Mas a língua materna não se adquire assim, simplesmente se aprende, de modo assistemático, aleatório, ao conviver. Em boa parte, algo assim como fazer imagens com uma câmera ou um celular. Isso dificilmente se estuda, se faz apenas ensaiando, desafiando o desconhecido, sem medo de errar, surpreendendo-se a cada descoberta. Como não seria destemida a relação do cinema com o erro, se graças a um erro de funcionamento do cinematógrafo, Geroges Méliès descobriu o poder mágico da montagem. Conta a lenda que o cineasta estava filmando uma rua, onde algumas carruagens iam passando quando o cinematógrafo travou o avanço da película. Depois de um pequeno golpe, ela tornou a avançar filmando o que a rua mostrava alguns segundos depois. Na projeção, o que apareceu foi uma carruagem de passeio se transformando em carro fúnebre (BERNARDET, 1980). O erro tinha rendido uma potentíssima descoberta! Erros na pedagogia tradicionalmente reduzem notas, tiram mérito, até geram punições. Seria Jean Piaget quem iria começar a valorizar o erro como degrau, como verdadeiro suporte da aprendizagem, mas sua aposta neste quesito não teve a repercussão que seria desejável até nos dias de hoje... Vamos olhar para ele com carinho?

É desse modo que as crianças e os jovens criam e socializam suas imagens hoje. Curiosamente, eles não agem diante do uso das câmeras como espectadores ou alunos passivos, que aguardam uma explicação. Diretamente, partem para a ação de desvendar o funcionamento de cada botão, ajuste, dispositivo de entrada ou saída. Perguntam, sim, mas arriscam, testam. A leveza e a simplicidade da tecnologia de hoje contribuem para desinibir esse processo. Eles sequer estão atentos a códigos, regras ou sintaxes, porém elas emergem e são descobertas no ato de fazer. Aparecem como problemas, como verdadeiros jogos de busca. A independência no uso dos equipamentos nos anima a suspeitar um tímido formato de emancipação, que, encorajado, pode extrapolar para uma outra forma de se relacionar com o desconhecido e com o conhecimento. Não há nada de sagrado nas câmeras, nem na relação que as crianças estabelecem com elas. O mistério está aí para ser desvelado e isso configura uma espécie de jogo. Desse gesto, algo profano do brincar com imagens e sons, antevemos, então, potenciais gestos emancipadores – por que não? *Emancipar* é um verbo que aparece no cenário da educação, de fato, mais como um horizonte do que como um objetivo. É algo intangível, inacessível completamente, como a liberdade ou a justiça; porém, não menos válido como norte do processo educativo. O tipo de conhecimento que se produz a partir da prática de fazer cinema na escola é um conhecimento ignorante do mundo, que nos surpreende através da câmera. Ele ratifica a hipótese da igualdade das inteligências a que se refere Rancière (2007). Nosso conhecimento sobre o mundo é diverso, relativo, mas ele ganha horizontes de igualdade se atravessado pelo ato de ser filmado. Quando o que se interpõe entre esse mundo e nós é uma câmera, o mundo, habitualmente, nos surpreende. Produz-se um estranhamento, uma vivência quase virginal do olhar. Até o velho mundo parece novo, bem mais novo. Essa experiência nos traz um saber, mas não um saber a ser ensinado, e sim a ser construído no gesto de enquadrar e registrar esse olhar. E a simples vivência de olhar restaura alguma esperança em relação a esse mundo, já que olhar – em português, ao menos - está ligado ao cuidar. Se alguém olha uma criança ou uma casa, quer dizer que está zelando por ela. Olhar através da câmera, registrar esse olhar, quiçá nos faça desaprender que o mundo é como está e que outros modos de ser e estar no mundo sejam possíveis, atentos ao seu cuidado.

E o mundo, também, é outro mundo no cinema. A criança e o adolescente se colocam frente a frente com o mundo no cinema, que amortece a dureza do contato, especialmente quando há a possibilidade de identificação com o protagonista – dirá Bergala (2006) –, pela idade ou por alguma outra razão que os identifique. A leitura que é feita desse mundo no filme possibilita formas de emancipação do olhar na medida em que permite formular metáforas e leituras próprias.

Como transmitir o cinema?

> *Cada filme foi como uma universidade de cinema, sabe? Com cada filme eu aprendi um pouco, pelo menos, como não fazer.*
> Cao Guimarães, 2012

À pergunta: Como transmitir cinema?, Alain Bergala, em suas palestras e consultorias, sempre responde trocando o verbo transmitir ou ensinar por impregnar, contagiar, contaminar... Em uma escola de cinema em contexto escolar, possivelmente, podemos fazer a experiência de colocar o aluno em contato com essa arte, com seus instrumentos, sua materialidade – imagem, luz, cor, som –, sua história, seu universo, e sem explicar, acompanhar, como um verdadeiro *passeur*, a travessia de aprender cinema, correndo, juntos, os mesmos riscos. Na intimidade do contato dos estudantes com as câmeras, computadores, equipamentos em geral, tentamos fazer alguma passagem de uma pedagogia da explicação para uma pedagogia do risco, de descobrir e criar. E, através das orientações da atenção aos elementos da linguagem nos filmes projetados, tentamos fugir de um modelo pedagógico simplificador. Há um "trabalho poético de tradução" no coração de toda aprendizagem, afirma o filósofo Jacques Rancière (2010, p. 17); uma prática emancipadora deve ignorar a distância normal em toda comunicação. A distância a ser abolida não é aquela que existe entre quem sabe e quem ignora, mas é aquela que separa o que alguém já sabe do que ainda ignora, mas que pode aprender tal e como tem aprendido o resto das coisas, através da arte de traduzir, comparando o que já sabe com aquilo que quer aprender, "observando e comparando uma coisa com outra, um signo com um fato, um signo com outro signo" (p. 17). A associação combinatória no aprendizado vai conquistando uma autonomia que se afasta progressivamente da possibilidade de acompanhamento permanente. A arte de traduzir significa pôr suas aventuras intelectuais em palavras e fazer o esforço de contratraduzir as aventuras intelectuais dos outros. Podemos desejar e propor que o professor de cinema nas escolas, concebido como um *passeur*, seja, de fato, um *mestre ignorante*. Não porque não conheça o que ensina, mas porque ignora a desigualdade das inteligências e, em lugar de ensinar aos seus alunos seus saberes, possa orientá-los "para eles se aventurem na selva das coisas e assim, depois poder dizer o que tem visto e o que pensam do que têm visto, que o verifiquem e o façam verificar" (p. 18).

E nos perguntamos, então, qual é a relação entre esse ensinante/aprendente ignorante, emancipador, e a possibilidade de tornar os aprendentes/ensinantes, espectadores emancipados na experiência de aprender cinema na escola?

Rancière (2010) define o paradoxo do espectador pelo qual não há teatro sem espectador. Ser espectador significa um mal duplo, já que, para o autor, olhar se opõe a conhecer, porque quem olha desconhece todo o processo que dá lugar àquilo que aparece para ser olhado e olhar também se opõe a atuar. O espectador permanece imóvel. Se o leitor nos autoriza a fazer extensiva essa tese para o espectador de cinema, uma escola de cinema pensada para crianças e jovens deveria, ao menos, fazer com que o "olhar" não fosse um olhar passivo e abrigasse também a possibilidade de conhecer aquilo que está oculto no cinema, nada menos que sua própria linguagem, história, contexto. E ainda mais se existe a possibilidade de agir, de atuar nos processos de análise crítica e criativa e de produção. O modo de afetar do cinema é fundado em uma descontinuidade entre obra e fruição. Seu poder reside na distância entre os filmes e seus efeitos. Para ser um espectador de cinema, afirma Migliorin (2010), a igualdade e a possibilidade de fruição são anteriores a qualquer hierarquia e é por isso que não usamos filmes de acesso comercial para introduzir filmes que pressupõem outros hábitos de espectador.

Antes de apresentar alguns princípios da Escola de Cinema do CAp UFRJ, que serviram como referências na criação de outras escolas de cinema em escolas públicas, vamos abrir um espaço para refletir juntos sobre uma categoria do cinema, sugerida por Alain Bergala na consultoria, com esse propósito: ocultar/revelar.

Ocultar e revelar: do cinema à sala de aula. Seduzir, olhar e escrever.

> *O olho vê.*
> *A memória re-vê.*
> *A imaginação trans-vê.*
> *É preciso trans-ver o mundo.*
> Manoel de Barros

Estas são reflexões sobre a categoria ocultar e revelar, como critério das práticas sugeridas por Alain Bergala na consultoria realizada no Laboratório de Educação, Cinema e Audiovisual da UFRJ em dezembro 2011, a propósito da experiência de criação de escolas de cinema em escolas públicas de educação básica no Rio de Janeiro pelo projeto CINEAD. A consultoria visou planejar e acompanhar um curso de aperfeiçoamento para os professores das escolas selecionadas via edital (publicado no DOU 134), assim como a criação de um centro de pesquisa e docência em cinema e educação que permitisse dar suporte ao funcionamento das novas escolas, produzindo materiais e socializando a experiência da escola de cinema do CAp UFRJ, criada em 2008. A categoria deveria ser também considerada na realização das atividades das escolas de cinema durante o primeiro ano.

Ocultar esconde sempre uma possibilidade de ver, descobrir e inventar.

Fazer pequenos filmes atentos à categoria ocultar/revelar significa concretamente endereçar as atividades de pré-produção, produção e pós-produção visando esconder algo no começo que virá a ser revelado aos poucos, ou no final, inclusive. Mas também é uma categoria que pode atravessar cada plano, cada imagem, cada som. Uma categoria que pode ser também um critério para as formas de construir pontos de vista, ainda, pontos de escuta. Podemos estabelecer um certo paralelo, ou uma forma de eco entre o cinema e a educação. Especialmente, se pensamos que ambos ambicionam passar do concreto ao abstrato, da evidência à sutileza, da verdade à dúvida, valendo-se de instrumentos, das ciências e das artes "que o pensamento criou para melhor pensar" (Dubois, 2004, p. 20). Mas também, para melhor expressar e afetar, para emocionar e surpreender. Concordamos com Dubois acerca das atuais mutações do cinema, da perda de sua hegemonia sobre a criação audiovisual, da emergência ruidosa do vídeo e da capilarização que, através da televisão, as imagens, inclusive as do cinema, alcançam em todos os países, até naqueles de dimensões continentais como o Brasil. No entanto, gostaríamos de sublinhar que concebemos o cinema como referência fundamental para todo o audiovisual, cuja intensidade é uma marca que faz parte de sua identidade do cinematógrafo ao cinema digital. Com Godard aprendemos que o cinema transforma o visível em invisível, o figurativo ou literal em abstrato ou poético com o recorte operado pelo enquadramento da câmera, pelo que ele nos revela e nos oculta. Ainda, se for o propósito, podemos também filmar o pensamento, sentimentos, sensações ou algo parecido, produzindo imagens sonoras da linguagem interior. O cinema (ou o vídeo) na escola se revela como possibilidades afetivas e efetivas de aprender, relacionando a parte e o todo, o dado e o imaginável. Dubois

(2004, p. 22) estabelece uma relação interessante: ele diz que gosta de se ver à imagem do vídeo: "um ser de passagem, dotado de existência breve e identidade incerta – que são sua força: forma opaca e dupla, intermediária, natureza mista de fenômeno transitório".

Dizíamos, no começo, que o presente se revela, no entanto deixa (quase) oculto o passado e ainda por revelar o futuro. Reinventar a educação tem a ver com uma atualização que vem do futuro para o presente, que se constitui a partir dos sonhos do presente, de um certo vazio, de incertezas. Esse movimento se revela aos poucos. É quase impronunciável, mas, repito, crianças conseguem filmá-lo. Elas conseguem ler o que não foi escrito e ouvir o que não foi dito.

A primeira vez que ouvi falar sobre a categoria ocultar/revelar, três imagens apareceram de imediato: seduzir, olhar e escrever.

1. Seduzir. Ocultar e revelar são processos quase naturais à condição humana; fazem parte do gesto básico de encontro com o outro: a sedução. Mas não se trata da sedução da propaganda, mas desse jeito do cinema que vive a esconder, confundir, criar tensões, para nos surpreender, balançando entre o que é possível ver e o que escapa da captura sensível. Se no cinema parece tão natural falar de ocultar e mostrar, na educação, pelo contrário, a impressão é contrária; ela tenta mostrar tudo, sempre. Ela é quase desprovida de mistério. Mostra-se tudo o que se considera bom ou necessário saber, um "dever ser" como finalidade e se busca, ainda, mostrar os meios para atingi-la. Ensiná-los, aprendê-los até decorá-los, se possível. Não se oculta nada. Caso se oculte algo, trata-se daquilo que "não deve ser", isto é, aquilo que caracteriza nossas misérias, incompletudes e imperfeições, e por isso, também, nossa humanidade. Talvez, no imaginário de todos nós, educadores, ocultar essa "humanidade" nos permitiria tornarmo-nos seres humanos mais perfeitos ou felizes. Nós nos perguntamos, a propósito desse parâmetro do cinema, se, por isso, a cada descoberta do que não somos, do que não sabemos nem podemos fazer restauramos o fracasso, a decepção e a sensação da impossibilidade de toda educação, como afirmava Freud (1976, p. 19). Enquanto isso, o cinema oculta e revela com total naturalidade, sofisticando formas e estilos. Assim, por exemplo, desvendar ou construir um ponto de vista é uma espécie de gesto comum ético, estético, político e pedagógico, como afirma Anita Leandro (2010).

O simples ato de enquadrar constitui em si um gesto de ocultar e revelar sempre algo. Este é o primeiro exercício que fazemos com os professores ou com os estudantes, usando apenas os quatro dedos ou um marco feito com papel tamanho A4, antes de usar a câmera. A experiência é o suficiente para vivenciar o que é possível mostrar e ocultar nesse retângulo disposto como paisagem. Se quisermos filmar dois colegas conversando em uma sala de aula "sem dizer com palavras" onde estão, sugerimos pensar de que outros modos podemos revelar o espaço da cena ao espectador, mesmo que parcialmente. Se no enquadramento entra a esquina de um quadro branco, pode ser o suficiente para nosso propósito, por exemplo. O som também pode revelar, em parte, o lugar onde ocorre a cena. O barulho de colheres de café encostando-se em um pirex, por exemplo, pode indicar que o diálogo acontece em uma mesa de café, e assim por diante. Lucrecia Martel[41] nos alertou para importância do som. Ela tornou-se cineasta de tanto ouvir as histórias de suspense e terror que sua avó contava para ela e seus irmãos enquanto os pais dormiam depois do almoço: "O som passa mais rapidamente que a imagem para o interior, sua passagem é direta".[42] Parece tão óbvio! Por que não pensamos assim quando realizamos planejamentos pedagógicos? Planejar também pode ser um modo de materializar modos de ocultar/revelar o conhecimento na escola. Poderíamos planejar com o objetivo de não dar a ver tudo? Por que não usar os sons, incorporar o silêncio? E se planejar, a partir desta categoria, não consistisse mais em escrever tudo o que desejamos ensinar, e sim em como ocultar aquilo, deixando apenas algumas pegadas que provoquem curiosidade. Seria este um modo de planejar que apostaria na descoberta, no faz de conta, e na invenção? Um planejamento sedutor seria aquele que nos motiva pelo que nos instiga a aprender, e não pelo que nos ensina explicitamente.

2. Olhar. Pensando mais profundamente, bem antes da sedução, elo invisível das redes afetivas que nos vinculam, há um gesto anterior que opera a categoria ocultar/revelar desde que nascemos: o próprio olhar. O olho se abre, desvendando o mundo de baixo para cima com ritmos relativamente iguais. As pálpebras o ocultam depois de alguns segundos, de cima para baixo. Ritmo e rima para ver o mundo. Quando o interesse para olhar é de uma certa intensidade, dizemos: "nem pisca". Em outras palavras, vê o tempo todo. Piscar é como introduzir silêncios em um pentagrama. Piscar corta e renova nosso olhar. Piscar descansa a vista. Também lubrifica nosso olho, limpa-o, evitando contrair doenças. De poucos em poucos segundos, nosso olhar se purifica, para descontaminá-lo do que vê... ou melhor, para

---

[41] Em 2009, Lucrecia Martel foi palestrante do III Encontro de Cinema e Educação da UFRJ e a convidamos a assistir e comentar as produções das crianças e professores produzidas nesse ano.

[42] Fala proferida na palestra de encerramento da última aula da disciplina Cinema e Educação no Programa de Pós-Graduação em Educação, dezembro 2009, na Faculdade de Educação da UFRJ.

começar a ver de novo. Curiosamente, "elas (as câmeras lentas) ensinaram a Godard a olhar o mundo (e as imagens) com olhos novos, purificados de todas as escórias" (DUBOIS, 2004, p. 20). Lembremos que, quando Daney (2007) aborda a pedagogia godardiana, refere-se à pertinência de o cinema virar escola, entre outros motivos, porque nela é natural o *restart* que significa cada novo ano letivo, cada novo dia ou cada vez que o quadro-negro se apaga e é novamente preenchido. Ocultar pode ser um gesto comum no cinema e na educação, como ato de instaurar o silêncio. Espremer uma pausa para pensar, um espaço para o "nada" em meio à onipresença de imagens e sons. A educação pretende instruir, formar, completar. Dubois (2004, p. 22) se pergunta, ao contrário: "Como instituir uma plenitude a partir do vazio? [...] Como fazer o sólido com o gasoso ou líquido? Como transformar um puro processo em objeto?" O cinema instrui/desconstrói, forma/deforma, transforma e até reforma, esvazia/preenche, tensiona, aperta/solta... nos solta. Ainda pensando no olhar, acho que caberia citar a relação de alteridade que pressupõe olhar nos olhos do outro, como experiência física, do encontro desses olhares que parcialmente revelam e ocultam o mundo frente a frente. O que Bakhtin (1992, p. 21) denomina como *excedente da visão* pessoal. Ele nos faz refletir acerca do que sucede quando estamos olhando nos olhos de outra pessoa. Enxergamos nas suas pupilas o reflexo do que ela está olhando (incluída a nossa própria imagem). No olhar do outro é possível ver tudo aquilo que fica oculto do nosso próprio olhar. Esse conceito, também de alteridade, explicita a necessidade do outro como afirmação da nossa própria singularidade. Nesse sentido, outra experiência de olhar consiste em colocar-nos lado a lado, mirando um mesmo horizonte, juntando rosto com rosto; existe um "excedente da visão" do outro que nosso campo visual não alcança, e vice-versa. A experiência prova o insubstituível do olhar e como é o outro quem afirma nossa própria singularidade e vice-versa. Só pelo uso da câmara podemos efetivamente partilhar um determinado ponto de vista.

Temos comparado a categoria de ocultar/revelar com a sedução e o olhar, e ainda pensamos que haveria mais um modo de ocultar/revelar ao escrever.

3. Escrever. Se o cinema se tornou, de fato, uma nova forma de escritura a partir do filme *Um homem com uma câmera* (DZIGA VERTOV, Rússia, 1929), de interpretação do mundo e de ampla difusão dessa leitura, constitui um desafio contemporâneo restituir essa possibilidade à infância e à juventude, tomando a escola como cenário. O que se escreve nunca está completamente pronto. Pelo menos, quando a escrita é criativa, está mais próxima de uma viagem, em que há algum pequeno roteiro inicial, mas as ideias, encontros e desvios vão surgindo no caminho. É

possível ver da esquerda para a direita o que a mão escreve, mas a partir do punho o vazio, é sinônimo de possibilidade e invenção. Ele permanece oculto, revelando-se a cada nova letra, palavra, parágrafo. Escrever com *stylo-câmeras* não impede que o mundo sempre escape um pouco às lentes, que consiga fugir, preservando-se a qualquer tipo de captura. O cinema nos revela, segundo Comolli (2008), os limites do poder de ver, daí a aventura de inventar uma escola de cinema como querem os professores e alunos cegos do Instituto Benjamin Constant, por exemplo. Escrever filmando documenta um tempo, um lugar, uma autoria. A escrita é a ponta visível de um *iceberg* de ideias, sentimentos, possibilidades. E a leitura pode ser uma forma de complementar essa escrita, como se fosse possível espelhar esse *iceberg* na mesma direção e sentido contrário. Por isso, para ser espectador, afirma Comolli (2008, p. 11), é preciso crer, duvidando, mas sem deixar de crer.

Provavelmente, a categoria ocultar/revelar nos permitirá pensar de outro modo o reversível da relação entre ensinantes/aprendentes, espectadores/atores, artes/ciências. Uma relação fissurada, em cujas brechas haverá lugar para a criação, o mistério, o desejo, o sonho, para a reinvenção do que pode ser sempre de outro modo, diferente, e virar pelo avesso velhos modelos de ensinar e aprender.

Alguns princípios da Escola de Cinema do CAp UFRJ

A Escola de Cinema do CAp UFRJ nasceu em 2008, com um objetivo de pesquisa: estudar os aprendizados possíveis em uma experiência de cinema no espaço escolar, mas também como projeto piloto para a criação de novas escolas de cinema na rede pública de ensino, que só conseguimos atingir em 2012, como apresentaremos no capítulo seguinte. As aulas de cinema na escola visam sensibilizar o intelecto (OSTROWER, 1998) no exercício de aprender algo da história e da linguagem (secreta) (CARRIÈRE, 1995) do cinema. Definimos este e outros princípios que fazem como guias no caminho. Acreditamos na premissa godardiana de *ver cinema* como critério fundamental para aprender a *fazê-lo*. Podemos aprender cinema na cinemateca, no cinema, no celular, o tablet, no computador e na escola sempre que consigamos endereçar o olhar para aquilo que não é visível no filme. Poder antecipar e imaginar outras escolhas de realização possíveis. Outro princípio norteador consiste em colocar em diálogo os alunos com os artistas e suas obras. Direta e indiretamente (através de filmagens, extras, depoimentos), apresentamos sempre algum cineasta, ator ou roteirista para o grupo. Esse tem sido um critério que, além de criar vínculos e aprender pontualmente sobre "dicas" ou segredos, configura uma motivação para além das expectativas. O quarto princípio tem relação com a proposta de "passagem ao ato" proposta por Alain Bergala e ainda pelas práticas aprendidas com a responsável pelo projeto Cinema em Curs, de A Bao A Qu, de Barcelona, Nuria Aidelman (*in* FRESQUET, 2008), com seu trabalho nas escolas de Barcelona. Trata-se de "filmar o possível". O que está mais próximo, mais perto do seu cotidiano, o que é fatível atuar, encenar, sem exigências de cenografia, figurino ou efeitos especiais. Inclusive em relação aos temas, com o objetivo de que tenham relação com seu universo de interesses e necessidades. Como a maioria dos exercícios ou de pequenos curtas é realizada na própria escola, então, é preciso partir da combinação de planos que capturam o real e em cuja montagem apareça a magia, a invenção de espaços não reais.

Pretendemos que os princípios nos mantenham em uma zona de fronteira, que poderíamos definir também como "zona de tensões e intenções". Ela fica definida entre o desejo do aluno – da liberdade de escolhas – e as intervenções com as referências do cinema. Constatamos que o processo criativo não avança nem se diversifica tanto de aluno para aluno quando damos total liberdade para filmar. Promover um processo criativo que resultasse em produtos diferenciados nos guiou na busca de limites. E, paradoxalmente, sugerir categorias – uma cor, uma luz, um sentimento, por exemplo – acabou constituindo elementos facilitadores da criação. Apostamos que a riqueza das imagens que se produzem guarda uma relação cativa com a riqueza das imagens que se veem. Por isso, tomamos especial cuidado com as referências dos filmes (projetados na íntegra ou como seleção de trechos) durante as aulas. Eles são escolhidos e apresentados relacionando-os por critérios de filiação estética, por diretor, por tema, etc. Assim, oferecemos viagens por uma variedade de gêneros, épocas, diretores, culturas que permitem conhecer ou criar a curiosidade para ampliar o repertório disponível pelo circuito comercial. Nesse sentido, a parceria com a Cinemateca do Museu de Arte Moderna (MAM-Rio) tem sido de um valor fundamental. Visitar a cinemateca, mergulhar no seu acervo, assistir a filmes na sala de projeção permite fazer essa experiência, muda e coletiva, tão cara à pedagogia da criação.

É significativo o processo de aprendizagem que decorre do projeto de ver e aprender cinema na escola. Mas é ainda mais significativo problematizar como ele consegue desconstruir aprendizados, preconceitos, o *status quo* de algumas categorias de valor pessoal, das capacidades dos alunos e das possibilidades de se criar na escola. Resumindo os princípios, faz-se necessário explicitar que não consideramos que eles sejam universais, únicos e igualmente válidos para toda iniciativa de fazer cinema na escola:

- Ver cinema na escola, no cinema e na Cinemateca.
- Fazer exercícios e práticas audiovisuais com inspiração no cinema.
- Manter a atividade da Escola de Cinema fora da grade curricular, isto é, como atividade optativa, sem nota, preferencialmente.
- Vivenciar a experiência de aprender cinema com a intensidade e emoção de "estar escondidos".
- Selecionar professores e alunos interessados em função do desejo expresso na justificativa e não de elementos acadêmicos ou meritocráticos.
- Introduzir o cinema na escola na tensão entre a liberdade de criar e a força da intervenção da história e da linguagem do cinema.

Todos esses princípios podem ser resumidos na proposta de fazer *experiências do cinema*, como práticas de emancipação intelectual, ética e estética.

Lembramos que Godard, em sua *Carta aos meus amigos para aprendermos a fazer cinema juntos* (1966/2011), nos convida a aprender cinema conjugando o verbo brincar. Como se, de alguma maneira, brincando, tivéssemos a possibilidade de profanar o sagrado e torná-lo humano. É que aprendemos a fazer cinema. Mas é um brincar muito sério, pois ele obedece à "lei que, acima de todas as regras e ritmos particulares, rege a totalidade do mundo dos jogos: a lei da repetição", como afirma Benjamin (2005, p. 25). É um brincar que, ao repetir, faz diferente e "destrói" o tempo do calendário (AGAMBEN, 2001) e o brinquedo até encontrar sua alma. Nas aulas de cinema, buscamos sempre o que há de secreto e oculto, sua linguagem, seus processos de criação. Escondidos nas escolas de cinema, quiçá consigamos profanar algumas hegemonias do consumo, da estética globalizada e nos surpreender com o mundo, desnaturalizando suas naturalidades. Desaprendendo o que, no imaginário, se configurou como "o mundo" para descobrir e, por que não, inventar outros mundos possíveis. Desaprender imaginários (in)visíveis filmando-os. Produzir escondidos, sensações visíveis do que os olhos (apenas) veem, lembrando. Como diz Sandra Kogut,[43] "a infância é míope", ela enxerga o mais próximo e que seu quintal é maior do que a Via Látea, segundo o poeta/criança, Manoel de Barros (2010).

---

[43] Palestra de Sandra Kogut sobre o filme *Mutum,* na II Mostra da Faculdade de Educação da UFRJ no MAM-Rio, em dezembro de 2009.

Capítulo 6

Dentro e "fora" da escola:
no hospital, na cinemateca, na comunidade

Cinema para aprender e desaprender: projetos, programa, pegadas.

Neste último capítulo, gostaria de deixar registradas algumas "pegadas" do caminho do projeto Cinema para Aprender e Desaprender, que, desde 2006, vem se reinventando por força dos encontros e dos desvios que a dinâmica da formação do grupo traz para dentro do projeto. Para falar dos detalhes de sua história, gostaria de remeter o leitor a outras leituras, que falam com mais precisão das memórias do projeto (FRESQUET, 2007, 2008, 2009; FRESQUET; XAVIER, 2008). Aqui, basta dizer que o caminho se iniciou no segundo semestre de 2006, quando comecei a lecionar minhas primeiras aulas na UFRJ e sugeri, aos meus alunos de licenciatura (a maioria, do curso de Biologia), começarmos encontros semanais para assistir a filmes, e fazer depois algumas reflexões e leituras até, efetivamente, se configurarem propriamente como reuniões de um grupo de pesquisa. Em novembro de 2006, foi cadastrado, no sistema SIGMA/UFRJ, um projeto de pesquisa e de extensão com o mesmo nome: Cinema para Aprender e Desaprender. Como projeto de uma professora de psicologia da educação, ele pretendia investigar as possibilidades de aprender com o cinema, mas fundamentalmente a possibilidade de desaprender preconceitos, desvalores, a partir de alguns *flashes* dirigidos à nossa dimensão menos consciente, que a tela reflete de modo único para cada espectador. Sempre tive a sensação de que, ao assistir a alguns filmes, temos a possibilidade de escovar nossa vida a contrapelo, ampliando a passagem da memória para a imaginação, pelas ideias afetadas por imagens e sons. Daí que fosse necessário fazer uma seleção de filmes com uma direção. Esse lugar emergiu claramente: só podia ser a infância. Quiçá, visando voltar para o país das *memórias inventadas*,[44] dos primeiros aprendizados, que criam pegadas invisíveis por onde voltamos a passar uma e outra vez. Onde encontrar bons filmes para pensar questões da infância? Na Cinemateca! Hernani Heffner, desde então, foi nosso primeiro consultor. Com ele tinha feito minhas primeiras descobertas pela história do cinema brasileiro e mundial em 2004/2005, e como a todo professor, pesquisador, estudante, cidadão interessado, recebeu-me com a tranquilidade e a disponibilidade habituais, que mais parecem próprias de alguém que não tem mais nada para fazer na vida. Nada mais oposto, porém, até hoje, me surpreende o gesto acolhedor e receptivo com quem deseja aprender. Destaco esse gesto, que pode ser lido como um convite para visitar e descobrir o tesouro que a cinemateca guarda. Para pesquisar esses filmes, precisávamos ampliar a possibilidade de leituras, assim, alguns colegas substitutos da Faculdade de Educação e quase uma meia dúzia de professores do Colégio de Aplicação da UFRJ se animaram a participar das reuniões, que deslocamos para o CAp/UFRJ, para facilitar a presença de todos. Um curso de extensão aberto ao público, mas que privilegiaria a participação dos professores de escolas públicas iniciou-se no mesmo mês de março. Esse curso, desde sua concepção, foi pensado como uma janela que socializaria as questões investigadas na pesquisa, a cada mês, com o público interessado. Com um formato semelhante, mas que se configura com o passo dos anos, ele ainda é um dos projetos que são oferecidos como cursos de extensão de oito horas, certificados pela universidade. Com o passar dos meses, na pesquisa, sentimos falta do protagonismo das crianças, como copesquisadoras dessa infância, e propusemos, aos professores do CAp UFRJ que estivessem interessados, abrir suas aulas para fazer algumas sessões com esses filmes e ouvir o que as crianças tinham para nos dizer. A experiência tornou-se algo apaixonante.

Cresci aguardando anualmente *la Fiesta da Vendimia*,[45] penso que, por isso, imaginei que um evento de cinema e educação no mês do aniversário

---

[44] Manoel de Barros tem uma coleção de *Memórias inventadas*, onde conta as fases de sua vida como 1ª infância, 2ª infância, 3ª infância, já que ele confessa, aos 94, nunca ter saído da infância.

[45] Festa anual realizada na província de Mendoza, Argentina, que comemora a colheita das uvas, escolhendo uma rainha entre as mulheres que trabalhavam nas colheitas inicialmente, hoje entre as jovens estudantes ou trabalhadoras, e organizando passeios com carros

do cadastro do projeto poderia ser um pretexto para comemorar cada ano, convidando pesquisadores, cineastas e educadores interessados em dialogar com todos nós, um público de professores e estudantes curiosos e ativos. E funcionou. Um convênio assinado em fevereiro 2008 entre o MAM-Rio e a Faculdade de Educação da UFRJ formalizou uma parceria que já existia, mas que se abria para todos os professores e alunos da unidade. O que já se respirava no ar era a falta das crianças mesmas terem vez e voz na hora de fazer filmes. "Todo mundo quer ser escutado", diz Eduardo Coutinho (*in* Bragança, 2008, p. 85). E daquela falta, surgiu o projeto de criar a Escola de Cinema do CAp UFRJ, que, rapidamente aprovada, teve início em abril de 2008, contando com nada menos que Nelson Pereira dos Santos como padrinho inspirador. A escola foi criada com fins de pesquisa, mas também como um projeto piloto para que no futuro se pudessem criar novas escolas de cinema em escolas públicas. Dessa aproximação com o artista e padrinho, definimos nossas primeiras ações para a escola, com o grupo dos mais novos: assistiríamos a vários filmes do diretor, de preferência na Cinemateca, mergulharíamos no acervo de documentação impressa e arriscaríamos revisitar algumas locações de *Rio 40 graus* (NELSON PEREIRA DOS SANTOS, Rio de Janeiro, 1954/1955). O grupo de ensino médio se ocupou de fazer um documentário sobre o próprio CAp UFRJ. Nós nos dividimos, professores e bolsistas de iniciação artística e cultural, eu fiquei com os estudantes de ensino fundamental e Ana Lucia de Almeida Soutto Mayor e Verônica Soáres, com os alunos de ensino médio, tentando fazer nossas primeiras experimentações com imagens e sons. Descobrir as pegadas do projeto de Alain Bergala em uma velha revista dos *Cahiers du cinéma*, do ano 2000, e fazer o curso intensivo com Núria Aidelman traziam a urgência premente de nos apropriar melhor da experiência bem sucedida na França com crianças de escolas públicas no projeto articulado pelos Ministérios de Educação e de Cultura, de Jack Lang e Catherine Tasca, respectivamente. Fizemos traduções domésticas do livro *Hipótese cinema* para conseguir partilhar a leitura na pesquisa, até que duas tradutoras, Mônica Costa Netto e Silvia Pimenta se apaixonaram pela obra e realizaram a tradução com mais fidelidade. O mergulho foi intenso. Lemos e relemos o livro, sem dogmatizar, mas nos surpreendendo com a riqueza de cada janela que nos abria para conhecer outros autores e filmes que custávamos a achar. Em pouco tempo,

---

alegóricos pela cidade de dia e de noite nas vésperas da grande festa no *Anfiteatro Frank Romero Day*, que espelha um sem fim de luzes no cenário de montanhas.

ele tinha nos instigado a conhecer Godard, que desde o início intuíamos como "o pedagogo do cinema". Enquanto a pesquisa avançava, dialogando com uma progressiva produção intelectual nacional sobre a relação entre cinema e educação, a escola de cinema continuava se reinventado, mudando de temática e ensaiando exercícios, atividades e propostas outras. Márcia Xavier articulava pesquisa e extensão como pivô no CAp e Alexandre Ferreira Mendonça, extensão e pesquisa na Faculdade de Educação junto de Ana Lúcia, Verônica e uma equipe que se identificou logo com o projeto. Eles foram imprescindíveis para, hoje, poder contar esta história. O evento de fim de ano nos trouxe pessoalmente Alain Bergala, que, além de participar do evento internacional de cinema e educação, inaugurou a I Mostra Mirim de Minutos Lumière dentro da I Mostra da Faculdade de Educação no MAM: Cinema, escola, infância. Em 2009, o foco foi o documentário. Desde *Nanook, o Esquimó* (ROBERT FLAHERTY, EUA, 1922)[46] até filmes recentes de Eduardo Coutinho, "viajamos" pelos fragmentos que, editados, tentavam mostrar a poesia desse documentário que se afasta do jornalismo e da entrevista televisual. O mais próximo do colégio foi filmar *Na Lagoa Rodrigo de Freitas*, protagonista do filme/ensaio produzido. Um aluno de mestrado, Edmur Paranhos, nos convidou a pensar a pedagogia e a estética do oprimido colocando Paulo Freire cara a cara com Augusto Boal. Logo, a visita de Sandra Kogut e de Lucrecia Martel em dezembro 2009 inspirou fortemente o trabalho de 2010, que passou a pensar o Minuto Lumière, viajando pela história – nem sempre cronologicamente –, via diretores, e as crianças e jovens se viram filmando Minutos Méliès, Minutos Charles Chaplin, etc. Duas dissertações de mestrado já pensavam essa escola. Janaína Pires Garcia e Gisela Pascale Leite pesquisaram sobre a escola de cinema do CAp, nos seus projetos. Também Maira Norton, mas como aluna de mestrado na UFF. Regina Barra, atualmente, desenvolve seu doutorado sobre o cinema nesse e em outros Colégios de Aplicação do país.

Enquanto o programa de extensão – que hoje congrega dez projetos – continua com o mesmo nome até hoje (Cinema para aprender e desaprender), o projeto de pesquisa encerrado deu lugar a outro mais específico para pensar em investigar experiências de introdução ao cinema com professores e estudantes, dentro e fora da escola, que se chama Currículo e Linguagem Cinematográfica na Educação Básica. Nas reuniões do grupo de pesquisa, já tínhamos chegado a Jean-Luc Godard. De todas as janelas que Bergala abre

---

[46] *Nanook of the North*, para ver ou rever este filme, confira em: <http://youtu.be/yW6d6B_R2nM/>. Acesso em: 12 mar. 2013.

na sua *Hipótese*, Godard parecia o mais necessário, o primeiro. A presença de Anita Leandro, Mario Alves Coutinho e Ana Lucia de Almeida Soutto Mayor foi essencial para entender como seria possível compreender o prazer material de escrever com a câmera (COUTINHO, 2007, entrevista com Alain Bergala) e algumas relações com a literatura (COUTINHO, 2010). Nós nos perguntávamos acerca da potência dessa experiência do cinema em outros espaços para além da escola. Como seria, para uma criança hospitalizada, por exemplo, assistir a um filme na cama? Isto poderia ser uma experiência estética, educativa? Seria possível que uma escola hospitalar incluísse alguns filmes, ou atividades audiovisuais, para oferecer às crianças enquanto ficam hospitalizadas? Refletindo o espírito de pergunta, o projeto foi chamado *Cinema no hospital?* Disso surgiu um longo percurso que começou fazendo apenas visitas no Instituto de Pediatria e Puericultura Martagão Gesteira da UFRJ, só para ver como funcionava o cotidiano. Observamos a Unidade de Pacientes Internos (enfermarias), a quimioteca, as salas de espera dos consultórios dos ambulatórios. O projeto só ficou elaborado com um formato, mas com a incompletude necessária para a articulação com a especificidade da instituição à qual era oferecida, em 2010. Mais outro ano se passou em observações, comitês de ética, e preparação até dar início às atividades em 2011 junto das colegas Ângela Santi e Aline Monteiro. No começo, nós nos contentamos com projetar filmes. Confesso que só em 2012, com a liberdade – própria da paixão e da juventude – da doutoranda Fernanda Omelczuk e das bolsistas que a acompanham, conseguimos superar os objetivos traçados. Foi feito, então, um verdadeiro cardápio de filmes da Programadora Brasil para ensaiar a escolha de filmes pré-escolhidos, com petiscos, sobremesas, pratos fortes. E, também, improvisar alguns gestos de enquadramento, produções de Minutos Lumière e outras experimentações audiovisuais dentro e fora das enfermarias, articulando os filmes dos cineastas que estávamos estudando no grupo de pesquisa com as práticas diretas com as crianças.

O sonho de ampliar a experiência com professores e alunos na Cinemateca resultou no projeto *A escola vai ao cinema*, em parceria com o MAM, e organizamos visitas e atividades com escolas públicas que também serviram como empiria do projeto de mestrado de Marina Tarnovski Fassanelo. Também em 2010 foi idealizado um projeto para a criação de escolas de cinema em escolas públicas.

O cineclube do CINEAD, desde 2007 até hoje, andou transitando com nomes diferentes pelo MAM, pelo CAp UFRJ e, atualmente, nós o chamamos Educação em Tela na Faculdade de Educação, sendo objeto de pesquisa de Selma Tavares Rebello sob a coordenação do professor Paulo

Henrique Vaz e o apoio da Direção, professora Ana Maria Monteiro. Adquirir quase todos os exemplares da Programadora Brasil significou uma forma contundente de aproximação ao cinema nacional. Que falta nos faz que ele vire uma plataforma, de fato, acessível a todas as escolas públicas do país! Que forma seria essa tão eficiente de espelhar uma sociedade e seu cinema e descobrir uma terceira imagem, produto da surpresa desse reflexo.

Em 2011, descobrimos, entre os fotogramas e as entrelinhas dos autores pesquisados, a pedagogia do *Mestre Ignorante* e do *Espectador Emancipado*. No diálogo com colegas, orientandos de pós-graduação e da graduação nos seminários de leitura das reuniões do grupo de pesquisa se problematizam e reconfiguram as práticas extensionistas, em cada projeto, de formas diferentes. E foi em 2011 que conquistamos o edital oferecido pelo Ministério de Ciência e Tecnologia, que permitiria realizar o sonho de multiplicar a criação de escolas de cinema em escolas públicas. Imediatamente, criamos, na Faculdade de Educação, o Laboratório de Educação, Cinema e Audiovisual, que reuniria materiais, recursos humanos e didáticos para assistir presencial e virtualmente as novas escolas de cinema, e ficaria aberto para receber professores ou investigadores interessados em partilhar nossas pesquisas e práticas nesse caminho. No evento do fim de ano, recebemos novamente o professor Alain Bergala – o que coincidiu com a primeira consultoria para o projeto de criação das escolas – e de Nathalie Bourgeois (da Cinemateca Francesa), que prestigiaram mesas e a IV Mostra Mirim de Minutos Lumière na IV Mostra da FE/UFRJ no MAM. Elaboramos um edital, que foi publicado no Diário Oficial da União 134, anunciando que as escolas interessadas deveriam apresentar um projeto da escola de cinema que sonhavam, e se comprometer, com a anuência da direção, a participar de um curso intensivo de cinema e educação durante o mês de janeiro de 2012, e quinzenalmente durante o resto do ano. O edital exigia a inscrição de dois professores e/ou um professor e um funcionário comprometidos a participar do curso integralmente, e uma fotografia do lugar onde a escola conservaria os equipamentos cedidos temporalmente, enquanto durasse o projeto. Dos 28 projetos apresentados, foram selecionados 15, para atingir o número de 30 participantes no curso de janeiro. O curso concebido por Alain Bergala trabalhou com três filmes na íntegra: *Onde fica a casa do meu amigo* (ABBAS KIAROSTAMI, Irã, 1987), *O pequeno fugitivo* (MORRIS ENGEL, RAY ASHLEY e RUTH ORKIN; EUA, 1953) e *Mutum* (SANDRA KOGUT, Brasil, 2007) e vários outros fragmentos apresentados durante as aulas. Quatro exercícios deram forma às atividades que apresentaremos, em breve, em outro livro nesta coleção. O curso foi ministrado por professores e cineastas. O critério definido para escolher as quatro escolas finalistas foi a responsabilidade e a qualidade de participação, porém, como foi atendido quase unanimemente, tivemos que acrescentar novos critérios que efetivamente conseguissem discriminar alguma diferença. A escolha final – de uma dificuldade extrema –, acompanhada da equipe dos consultores e professores do curso, acabou contemplando: CIEP 175 José Lins do Rego (São João de Meriti, Rio de Janeiro); Colégio Estadual José Martins da Costa (Nova Friburgo); Escola Municipal Vereador Antônio Ignácio Coelho (Sant'Anna de Cebolas/Paraíba do Sul) e Escola Municipal Prefeito Djalma Maranhão (Vidigal, Rio de Janeiro). Além das escolas contempladas, convidamos o Instituto Nacional de Surdos (INES) e o Instituto Benjamin Constant para participar do projeto, incorporando-se ao programa CINEAD, mas apenas com formação e acompanhamento dos primeiros passos da escola de cinema. Maria Lucia Cunha, professora do INES, já vinha desenvolvendo atividades com cinema na escola, mas mesmo assim fez um evento para inaugurar a Escola de Cinema do INES, criando uma pequena cabine no pátio, onde ocultou uma projeção para, no máximo, 10 pessoas, com filmes dos primórdios. Longas filas se formaram para ver o que estava sendo projetado "às escondidas". Dessa experiência inicial, foi preciso inventar três novos sinais para LIBRAS: Cinematógrafo, Lumière e Méliès. O fato revela uma enorme possibilidade. Leopoldina Pereira está realizando seu doutorado sobre esse projeto. Das professoras do Instituto Benjamin Constant, Margareth Olegário era cega de nascença. Sua participação foi extremamente emocionante para todos, inclusive para ela, que decidiu filmar um dos exercícios, propondo aos colegas cobrirem seus olhos para tentar passar pela vivência dela, no curso. Em 2013 iniciamos as aulas no Instituto Benjamin Cosntant (IBC) junto com a professora Cristine Morais. Em uma das escolas rurais, Thiago Norton, professor de história da Escola Municipal Vereador Antônio Ignácio Coelho, desenvolve seu mestrado enquanto realiza as atividades da escola de cinema e do cineclube em Sebollas, a mais de três horas do Rio de Janeiro. A ideia de fazer as sessões do cineclube na praça foi muito bem sucedida, mas se chocou com o frio e a umidade do orvalho, afetando a lente do projetor, assim como a saúde de velhinhos e crianças. A professora Marta Cardoso, da Escola Municipal Prefeito Djalma Maranhão, desenvolveu seu projeto dentro da disciplina de Educação Física, que permitiu que todos os alunos da escola tivessem algum contato com experiências de cinema em 2012. As palmas aos Minutos Lumière produzidos com as crianças, no Festival do Rio, são testemunhas de um trabalho que surpreendeu e emocionou o público de professores e alunos das escolas cariocas na Mostra Geração. O cineclube trouxe a comunidade para dentro da escola. Daniella D'Andreia Corbo e Ricardo Monteiro criaram, no Colégio Estadual José Martins da Costa de Nova Friburgo, a *Escola Cine Ze*, cujo primeiro trabalho (os Minutos Lumière) já obteve um inédito destaque no Festival do Rio e no Festival de Cinema *Hacelo Corto*, da Prefeitura da Cidade Autônoma de Buenos Aires em parceria com a Universidade de Buenos Aires e a UNICEF, para onde viajaram com um pequeno grupo de alunos. Glauber Domingues Resende, instigado a investigar sobre a possibilidade de construção do ponto de escuta em aulas de cinema, propôs atividades centradas em quatro exercícios aos professores Alain Ferreira e Marcelo Silva, da Escola de Cinema do CIEP 175 José Lins do Rego (São João de Meriti, Rio de Janeiro). Eles avançaram muito ainda em 2012, dado que tiveram mais de uma aula por semana. O cineclube, realizado em horário escolar, também foi um sucesso. Greice Cohn, que participou do curso como professora do Pedro II (Centro), realiza seu doutorado investigando experiências de videoarte e videoinstalação com estudantes dos primeiros anos de ensino médio. Andreza Berti, este ano, se incorpora oficialmente com seu projeto de doutorado, que investiga as atividades de cinema que a van, chamada *Ciência para poetas* da Casa da Ciência da UFRJ, leva às escolas públicas do Rio.

Clarissa Nanchery desenvolveu, durante 2011/2012, um planejamento na Escola de Cinema do CAp UFRJ, tomando como referência a pedagogia dos pontos de vista de Alain Bergala em *Le point de vue*. Algo dessa experiência, em breve, também será um novo livro desta coleção.

No grupo de pesquisa, nosso caminho tem continuado com a tentativa de descobrir as pegadas dos caminhos de Kiarostami (*in* Bernardet, 2004). Cineasta da infância e da poesia, seu cinema tem nos permitido estabelecer relações com o cinema nacional para trabalhar nas escolas, na cinemateca, no hospital, e a pensar nesses outros caminhos, nunca principais, nem retos, nos quais buscamos sempre encontrar o outro para dialogar e descobrir alguma informação rumo a um destino explicitamente desconhecido, tecido por um roteiro que é também parte de um segredo que se vai revelando, aos poucos, inclusive aos próprios atores e membros da equipe. A colega Maria Cristina Miranda (professora do CAp UFRJ) e Mirna Juliana (mestranda da UNIRIO – Universidade Federal do Estado do Rio de Janeiro) nos ajudaram a aprofundar o diálogo com esse cineasta.

Em 2012, Marina de Oliveira Rodrigues defendeu seu projeto de mestrado sobre escolas alternativas no Brasil, estudadas através das lentes da autonomia e da criatividade. O tema da educação alternativa teve uma mesa especial neste último VI Encontro Internacional de Cinema e Educação da UFRJ, e novamente aproximou pesquisadores e cineastas para dialogar sobre *La educación prohibida* (German Doin Campos, Argentina, 2012) e *Babás* (CONSUELO LINS, Brasil, 2010).

Em relação às atividades específicas de ensino, foram criados tópicos especiais no Programa de Pós-Graduação em Educação desde 2007 até 2013: Mídia e Educação, Cinema e Educação, Currículo e Linguagem Cinematográfica na Educação Básica, Cinema, Educação e Aprendizagem e Pedagogia dos Cineastas. Para 2013, o programa incorporou, como eletivas, as disciplinas Cinema e Educação e Pedagogia da Imagem.

Durante todos esses anos, a participação de alguns professores e pesquisadores desta área "entre o Cinema e a Educação" nos enriqueceu com visitas em aulas e em reuniões de pesquisa: Hernani Heffner, Milene Gusmão, Rosália Duarte, Inês Teixeira, Cézar Migliorin, Anita Leandro, Luiz Rosemberg, Caio Cesaro, entre outros.

Este projeto sempre procurou enfocar abordagens teórico-metodológicas que investigam as relações entre cinema e educação, privilegiando leituras de estudos de cinema, de psicologia e filosofia da educação. A filosofia enriquece nossos fundamentos: Walter Benjamin, Mikhail Bakhtin, Jacques Rancière, Georgio Agamben, entre outros. Dos estudos de cinema, especialmente Jean-Claude Bernardet, Jean-Louis Comolli, Michelle Marie, Jaques Aumont, Philippe Dubois, Abbas Kiarostami, Anita Leandro, Cezar Migliorin, Ismail Xavier, Robert Bresson, Consuelo Lins, Jean-Luc Godard, Mário Alves Coutinho, entre outros. Da psicologia: os principais são Henri Wallon, Lev Semenovich Vigostki, Virginia Kastrup. Da educação: John Dewey, São Boa Aventura, Inés Dussel, Henry Giroux, Elizabeth Macedo, Carmen Teresa Gabriel, para iniciar uma lista. Entre os referenciais específicos de cinema e educação, temos lido Alain Bergala, Rosália Duarte, Inês Teixeira, Milene Gusmão, Miguel Lopes, Marília Franco, Mónica Fantin, Gilka Girardello, Fabiana Marcello, Adriana Hoffman, Concepção Soares, Marília Franco, Maria Teresa Freitas, Moira Toledo, entre outros.

A abordagem metodológica tem sido de caráter qualitativa, com ênfase no método da *análise microgenética*, que permite fazer uma análise micro de registros macros e recortar, nesses eventos filmados, aqueles fragmentos onde é possível analisar os diálogos, visando identificar algumas categorias do "novo", que conseguem emergir nos discursos e nas práticas de criação e aprendizagem, em contextos de interação social, impossíveis de categorizar *a priori*.

As atividades de extensão, a partir de 2012, passaram a constituir um Programa (conjunto de projetos) e são, ao mesmo tempo, campo empírico da maioria das pesquisas desenvolvidas pelos alunos em orientação (graduação e pós-graduação) e inclusive, por colegas que fazem parte do grupo de estudos. Atualmente, o programa CINEAD comporta 10 projetos: (1) Curso de extensão universitária (mensal, de oito horas, que se reedita e reconfigura desde 2007); (2) Curso de Aperfeiçoamento de Cinema para professores, que é estritamente para aqueles professores selecionados via edital para a criação de escolas de cinema (2011/2012); (3) Escola de Cinema do Colégio de Aplicação da UFRJ (desde 2008); (4) A escola vai à Cinemateca do MAM (desde 2010); (5) Cinema no hospital? (atividade semanal na Unidade de Pacientes Internos – enfermarias –, e mensal no ambulatório de pacientes pediátricos com HIV – o dia que buscam os medicamentos (desde 2010); (6) Criação de quatro escolas de cinema em escolas de ensino fundamental da rede pública do Rio de Janeiro (SEBRAE/FINEP/MC&T) (desde 2011; (7) Criação do Centro de Referência em Pesquisa e Docência em Cinema e Educação no Laboratório de Educação, Cinema e Audiovisual da FE/UFRJ (o laboratório fica aberto ao público das 8h às 21h, de segunda a sexta-feira, desde 2010); (8) Cineclube Educação em Tela (desde 2010); (9) Criação da escola de cinema no Instituto Nacional de Educação de Surdos (INES) (desde 2012); (10) Criação da Escola de Cinema no Colégio Benjamin Constant (escola de cegos). Desde 2012, está em andamento – ainda sem cadastrar – o projeto de cinema com exibição de filmes da Programadora Brasil e análise criativa dos curtas realizados com as Mulheres Cuidadoras das Creches da Maré, oferecido pelo Centro de Referência de Mulheres da Maré, Carminha Rosa, em parceria com o Cinema para Aprender e Desaprender.

A equipe atualmente é composta por 43 membros, que incluem desde os consultores que nos acompanham desde 2006 até o mais novo bolsista de extensão universitária. A distribuição e a articulação das tarefas estão organizadas de modo que, sempre, os alunos de graduação acompanhem as atividades, desenvolvidas nos diferentes espaços, dos alunos de mestrado e doutorado e dos professores envolvidos, de modo a introduzir a experiência da articulação entre ensino, pesquisa e extensão da forma mais vivencial possível.

Algumas palavras para imaginar novos começos

É difícil identificar os "resultados" desta pesquisa, embora eu considere que ela gera brotos de sua fertilidade todo o tempo. Imagino o grupo como um grande útero que gesta, de forma contínua e diversificada, braços dos projetos de pesquisa – a cada novo orientando de mestrado e doutorado –, com significativo engajamento sociopolítico, que se diversifica em cada projeto de extensão, onde nós, pesquisadores (professores e estudantes), encontramos um espaço/tempo de encontro, diálogo e invenção.

Nossa experiência nos revela que a potência da zona de fronteira entre o cinema e a educação é pedagógica, estética e politicamente fértil para aprofundar o conhecimento de si e do mundo. Quando isto acontece no espaço escolar, a possibilidade de desestabilizar certezas e questionar valores se torna uma experiência de ver e rever o mundo e o que temos aprendido nele. A lente da câmera parece circunscrever, recortar, aquilo que desejamos conhecer, marcado pelo ritmo do tempo. Convida-nos a restaurar o valor da ignorância, como aquilo que permeia desejo e conhecimento. Fazer uma experiência de introdução ao cinema, dentro e fora da escola, traz, para professores e alunos de educação básica, aprendizados específicos, além dos indícios do que não é possível ver e saber, do ponto de vista individual, e nisto ganha força a presença do outro para a construção social do conhecimento. O cinema, também como um outro, alarga nosso conhecimento do mundo, do tempo e de nós mesmos. A possibilidade de identificar essa relação entre mim e o outro, mediada pela câmera, constitui uma mola para ativar a tensão entre dois estados cuja potência pedagógica o cinema movimenta com especial competência: crer e duvidar. Transitar entre esses dois polos que paralelamente nos aproximam de certa materialidade do real para o infinito do imaginário exercita a inventividade de ensinantes e aprendentes em dois gestos fundadores da educação: descobrir e inventar o mundo.

Ver cinema e fazer experiências dessa arte renova, no aprendizado, a vitalidade do aprender, como ação e movimento. Faz parte do aprendizado dessa arte, descobrir aquilo que o cinema mostra e oculta e, nesse exercício de olhar e de escutar, desvendamos mais uma pista fundamental para a educação, que consiste em restaurar o mistério, como elemento intrínseco da construção do conhecimento em um determinado espaço e tempo. A partir do cinema, pensamos o tempo, inventamos a memória e lembramos o futuro. Inclusive, o tempo necessário para dar tempo aos estilos de aprendizagem de cada um. Tempo para redescobrir o tempo através da câmera, que é outro tempo, *esculpido* (TARKOVSKI, 2001), não cronológico. Investigar experiências de cinema na educação nos devolve a crença em nós mesmos e no mundo. Nessas crenças, revisamos os valores que carregamos como imposições invisíveis e personalizamos, ou pelo menos "fazemos de conta", que, alguma vez, escolhemos algo do que consideramos nortes de nossas vidas, desaprendendo, a cada dia, algo novo. Descobrir nossa imperfeição e o inacabado de ser (humanos?) afirma a importância que o outro tem para nos completar, afetar e modificar.

Pesquisar, produzir e diversificar experiências de introdução ao cinema com professores e estudantes de educação básica torna-se um pretexto para continuar estudando, inventando e diversificando modos de relação entre o cinema e a educação.

Referências

AGAMBEN, G. *Infancia e historia*. Buenos Aires: Adriana Hidalgo, 2001.

AGAMBEN, G. *Profanações*. São Paulo: Boitempo, 2007.

ALVES, R. Estórias de quem gosta de ensinar. São Paulo: Cortez: Autores Associados, 1984.

AUMONT, J. *O olho interminável [cinema e pintura]*. Rio de Janeiro: Cosac & Naify, 2004.

AUMONT, J.; MARIE, M. *Dicionário Teórico e Crítico de Cinema*. Campinas, São Paulo: Papirus, 2003.

BAKHTIN, M. *Estética da criação verbal*. São Paulo: Martins Fontes, 1992. p. 21.

BARROS, M. *Manoel de Barros por Pedro Paulo Rangel e Manoel de Barros*. Coleção Poesia falada. Brasil: Luz da Cidade, 2001. v. 8. Disco compacto (53 min.): digital, estéreo LCPF 008.

BARROS, M. Matéria de poesia. Em: *Poesia completa*. São Paulo: LeYa, 2010. p. 144-148.

BARROS, M. *Memórias inventadas. As infâncias de Manoel de Barros*. São Paulo: Planeta, 2010.

BARROS, M. *Poesia completa*. São Paulo: LeYa, 2010.

BARROS, M. Tratado geral das grandezas do ínfimo. In: *Poesia completa*. São Paulo: LeYa, 2010. p. 397-421.

BAUDELAIRE, C. *Sobre a modernidade*. Rio de Janeiro: Paz e Terra, 2007.

BENJAMIN, W. *Reflexões sobre a criança, o brinquedo e a educação*. São Paulo: Duas Cidades/34, 2005.

BENJAMIN, W. *Rua de mão única*. São Paulo: Brasiliense, 1995.

BERGALA, A. *Abbas Kiarostami*. Paris: Cahiers du Cinéma, 2004.

BERGALA, A. Alteridade. In: FRESQUET, A. M.; NANCHERY, C. *Abecedário de cinema com Alain Bergala*. Rio de Janeiro: LECAV, 2012. DVD. 36', cor.

BERGALA, A. *L'hipothèse-cinéma. Petit eraité de tansmission du cinèma à l'école et ailleurs*. Paris: Petit Bibliothèque des Cahiers du Cinéma, 2006.

BERGALA, A.; GARDETTE, L. *Le point de vue*. França: Coleção *L'Eden Cinéma*, 2007, DVD, Pal, Scérén. 4h 35 min.

BERGMAN, I. *Imagens*. São Paulo: Martins Fontes, 2010.

BERNARDET, J.-C. *Caminhos de Kiarostami*. São Paulo: Companhia das Letras, 2004.

BERNARDET, J.-C. *O que é Cinema?* São Paulo: Brasiliense, 1980.

BOGDANOVICH, P. *Isto é Orson Welles.* São Paulo: Globo, 1992. Entrevistas.

BOZHOVICH, L. I. *La personalidad y su formación em La edad infantil. Investigaciones psicológicas.* La Havana: Pueblo y Educación, 1976.

BRAGANÇA, F. *Encontros/Eduardo Coutinho.* Rio de Janeiro, 2008. p. 64.

BRECHT, B. *Poemas.* Seleção e tradução de Paulo Cesar. São Paulo: Brasiliense, 1986.

BRESSON, R. *Notas sobre o cinematógrafo.* São Paulo: Iluminuras, 2005.

BUÑUEL, L. *Meu último suspiro.* Rio de Janeiro: Nova Fronteira, 1982.

CARRIÈRE, J-C. *A linguagem secreta do cinema.* Rio de Janeiro: Nova Fronteira, 1995.

COMOLLI, J.-L. *Ver e poder: a inocência perdida* – Cinema, Televisão, Ficção, Documentário. Belo Horizonte: UFMG, 2008.

COSTA, F. C. Primeiro Cinema. In: MASCARELLO, F. (Org.). *História do cinema mundial.* São Paulo: Papirus, 2007.

COUTINHO, M. A. *Escrever com a câmera. A literatura cinematográfica de Jean-Luc Godard.* Belo Horizonte: Crisálida, 2010.

COUTINHO, M. A. O prazer material de escrever. Entrevista com Alain Bergala. *Devires.* Belo Horizonte, v. 4, n. 1, p. 86, jan./jun. 2007.

DANEY, S. *A rampa.* Rio de Janeiro: Cosac & Naif, 2007.

DANTAS, H. A afetividade e a construção do sujeito na Psicogenética de Wallon. In: LA TAILLE, Y. (Org.). *Piaget, Vigotski e Wallon: Teorias psicogenéticas em discussão.* São Paulo: Summus, 1992.

DRUON, M. *O menino do dedo verde.* Rio de Janeiro: José Olympio, 2001.

DUBOIS, P. *Cinema, vídeo, Godard.* Rio de Janeiro: Cosac Naify, 2004.

DUSSEL, I. Másallá del mito de los "nativos digitales". Jóvenes, escuelas y saberes en la cultura digital". In: SOUTHWELL, M. (Comp.). *Entre generaciones. Exploraciones sobre educación, cultura e instituciones.* Rosario, FLACSO/Homo Sapiens, 2012.

EBERT, R. *A magia do cinema.* Rio de Janeiro: Ediouro, 2004.

ELLSWORTH, E. Modos de endereçamento: uma coisa de cinema; uma coisa de educação também. In: SILVA, T. T. (Org.). *Nunca fomos humanos: nos rastros do sujeito.* Belo Horizonte: Autêntica, 2001.

FRÉMAUX, T.; PAÏNI, D.; LAMOTTE, J. M. *Autocromos. Lumière, o tempo da cor.* Curitiba: Museu Oscar Niemeyer, 2009.

FRESQUET, A. M. *Aprender com experiências do cinema. Desaprender com Imagem da Educação.* Rio de Janeiro: Booklink/CINEAD/LISE/UFRJ, 2009.

FRESQUET, A. M. Fazer cinema na escola: pesquisa sobre as experiências de Alain Bergala e Núria Aidelman Feldman. In: ANPED, UFRJ GT-16 – *Educação e Comunicação,* 2008.

FRESQUET, A. M. *Imagens do desaprender. Uma experiência de aprender com cinema.* Rio de Janeiro: Booklink/CINEAD/UFRJ, 2007.

FRESQUET, A. M. O cinema como arte na escola: um diálogo com a hipótese de Alain Bergala. In: LEONEL, J. M.; MENDONÇA, R. F. *Audiovisual comunitário e educação: histórias, processos e produtos*. Belo Horizonte: Autêntica, 2010.

FRESQUET, A. M.; NANCHERY, C. *Abecedário de cinema com Alain Bergala*. Rio de Janeiro: LECAV, 2012. DVD. 36', cor.

FRESQUET, A. M.; XAVIER, M. R. (Org.). *Novas imagens do desaprender. Uma experiência de aprender cinema entre a cinemateca e a escola*. Rio de Janeiro: Booklink /CINEAD/ LISE/CINEAD, 2008.

FREUD, S. Prefácio a "Juventude desorientada" de Aichhom. In: SALOMÃO, J. (Ed.) *Edição standard brasileira das obras psicológicas completas de Sigmund Freud*. Rio de Janeiro: Imago, 1976.

GODARD, J.-L. Carta aos meus amigos para aprendermos a fazer cinema juntos. (Traduzido por Mário Alves Coutinho). In: *En attendant Godard*. Éditions Bernard Grasset, 1966, 2011.

GODARD, J.-L. *Introdução a uma verdadeira história do cinema*. São Paulo: Martins Fontes, 1989.

GODARD, J.-L. *JLG/JLG: Autorretrato de diciembre/Jean Luc Godard*. Prólogo de Adrian Cangi. Buenos Aires: Caja Negra, 2009.

GODARD, J.-L. Você quer fazer cinema? Pegue uma câmera! In: TIRARD, L. *Grandes Diretores de Cinema*. Tradução de Marcelo Jacques de Moraes. Rio de Janeiro: Nova Fronteira, 2006.

GUIMARÃES, C. In: HALLAK D'ANGELO, R.; HALLAK D'ANGELLO, F. *Cinema sem fronteiras. 15 anos da mostra de cinema de Tiradentes. Reflexões sobre o cinema brasileiro 1998-2012*. Belo Horizonte: Universo, 2012. Entrevista.

KAFKA, F. *Parábolas y paradojas*. Buenos Aires: Fraterna, 1979.

KAHN, S. *Um mundo, uma escola. A educação reinventada*. Rio de Janeiro: Intrínseca, 2013.

KASTRUPF, V. Políticas cognitivas na formação do professor e o problema do devir-mestre. *Educação & Sociedade*, Campinas, v. 26, n. 93, p. 1273-1288, set./dez. 2005.

KODNER, L. *Walter Benjamin: o marxismo da melancolia*. Rio de Janeiro: Campus, 1998.

LEANDRO, A. O Ponto de vista. *Revista Contemporânea de Educação*, Rio de Janeiro, v. 5, n. 10, p. 80-86, jul./dez. 2010.

LISPECTOR, C. *Felicidade Clandestina*. São Paulo: Rocco, 1998.

MIGLIORIN, C. Cinema e escola sob o risco da democracia. Dossiê: Cinema e educação: uma relação sob a hipótese de alteridade. *Revista Contemporânea de Educação*, Rio de Janeiro, v. 5, n. 9, p. 104-110, jan./jul. 2010.

NOVOA, J.; FRESSATO, S. B.; FEIGELSON, K. (Org.). *Cinematógrafo: um olhar sobre a história*. Salvador: EDUFBA; São Paulo: UNESP, 2009.

OSTROWER, F. *A sensibilidade do intelecto*. Rio de Janeiro: Elsevier, 1998.

PAPA, D. *Nelson Pereira dos Santos. Uma cinebiografia do Brasil. Rio, 40 Graus 50 anos*. Rio de Janeiro: UFRJ, 2005.

PASSOLINI, P. P. *Empirismo herege*. Lisboa: Assírio & Alvim, 1982.

POSTMAN, N. *O desaparecimento da infância*. São Paulo: Groperia, 1999.

PRENSKI, M. Digital natives, digital immigrants.. *The Horizon*, v. 9, n. 5, p. 1-6, Oct. 2001.

QUEIRÓS, B. C. *Os 5 sentidos*. São Paulo: Global, 2009.

RABIGUER, M. *Direção de cinema. Técnicas e estética*. Rio de Janeiro: Campus/Elsevier, 2007.

RANCIÈRE, J. *El espectador emancipado*. Buenos Aires: Manantial, 2010.

RANCIÈRE, J. El niñodirector. In: *La fábula cinematográfica. Reflexiones sobre la ficción em el cine*. Barcelona, Paidós: 2005.

RANCIÈRE, J. *O destino das imagens*. Rio de Janeiro: Contracampo, 2012.

RANCIÈRE, J. *O mestre ignorante. Cinco lições sobre a emancipação intelectual*. Belo Horizonte: Autêntica, 2007.

RENOIR, J. *Escritos sobre cinema – 1926-1971*. Rio de janeiro: Nova Fronteira, 1990.

SIBILIA, P. *Redes ou paredes. A escola em tempos de dispersão*. Rio de Janeiro: Contraponto, 2012.

SODRÉ, M. *Reinventando a educação. Diversidade, descolonização e redes*. Petrópolis: Vozes, 2012.

TARKOVSKI, André. *Esculpir o tempo*. São Paulo: Martins Fontes, 2001.

TEIXEIRA, I. A. C.; LARROSA, J.; LOPES, J. S. M. (Org.). *A infância vai ao cinema*. Belo Horizonte: Autêntica, 2006.

THOMAS, M. (Ed.) *Deconstructing Digital Natives. Young People, Technology and the New Literacies*. New York & London: Routledge, 2011.

TRUFFAUT, F. *O cinema segundo François Truffaut*. Textos reunidos por Anne Gillain. Tradução de Dau Bastos. Rio de Janeiro: Nova Fronteira, 1990.

TRUFFAUT, F. *O prazer dos olhos. Escritos sobre cinema*. Rio de Janeiro: Zahar, 2006.

VIGOTSKI, L. S. Aprendizagem e desenvolvimento inteletual na idade escolar. In: LURIA, A. R.; LEONTIEV, A., VIGOTSKI, L. S. et al. *Psicologia e pedagogia. Bases psicológicas da aprendizagem e do desenvolvimento*. São Paulo: Moraes, 1991.

VIGOTSKI, L. S. *La imaginación y El arte em la infancia*. Madrid: Akal, 2000.

XAVIER, I. (Org.). *A experiência do cinema*. Rio de Janeiro: Graal, 1983.

XAVIER, I. Um Cinema que "Educa" é um cinema que nos faz pensar. *Educação & Realidade*. Porto Alegre: UFRGS, v. 33, n. 1, jan./jun. 2008.

Este livro foi composto com tipografia Minion Pro e impresso
em papel Pólen Bold 70 g/m² na Foramto Artes Gráficas.